Meg Cabot

Plötzlich Prinzessin – Das ultimative Benimmbuch

Die Prinzessin-Romane auf einen Blick:

Plötzlich Prinzessin (Band 1)
Power, Prinzessin! (Band 2)
Prinzessin sucht Prinz (Band 3)
Dein Auftritt, Prinzessin! (Band 4)
Prinzessin in Pink (Band 5)
Bühne frei, Prinzessin (Band 6)
Party, Prinzessin! (Band 7)
Plötzlich Prinzessin – Das ultimative Benimmbuch
Plötzlich Prinzessin – Das ultimative Handbuch

DAS ULTIMATIVE BENIMMBUCH

Aus dem Amerikanischen von
Katarina Ganslandt

cbj

cbj ist der Kinder- und Jugendbuchverlag
in der Verlagsgruppe Random House

FSC
Mix
Produktgruppe aus vorbildlich
bewirtschafteten Wäldern und
anderen kontrollierten Herkünften

Zert.-Nr. SGS-COC-1940
www.fsc.org
© 1996 Forest Stewardship Council

Verlagsgruppe Random House FSC-DEU-0100
Das für dieses Buch verwendete FSC-zertifizierte Papier *EOS*
liefert Salzer, St. Pölten.

Gesetzt nach den Regeln der Rechtschreibreform

1. Auflage 2006

Die Originalausgabe erschien 2003 unter dem Titel »Princess Lessons«
bei HarperCollins Publishers, New York

Published by Arrangement with Meggin Cabot
Dieses Werk wurde vermittelt durch die
Literarische Agentur Thomas Schlück GmbH, 30827 Garbsen.
Aus dem Amerikanischen von Katarina Ganslandt
Umschlag- und Innenillustrationen: Eva Schöffmann-Davidov
Umschlagkonzeption: Klaus Renner
st · Herstellung: WM
Satz: Uhl + Massopust, Aalen
Druck: GGP Media GmbH, Pößneck
ISBN-10: 3-570-13185-8
ISBN-13: 978-3-570-13185-5
Printed in Germany

www.cbj-verlag.de

Dieses Benimmbuch
ist allen zukünftigen Prinzessinnen gewidmet.
Lang möget ihr herrschen!

Ein königliches »Dankeschön« an alle,
die zu diesem Buch beigetragen haben:
Jennifer Brown, Barb Cabot, Alison Donalty,
Barb Fitzsimmons, Michelle Jaffe, Josette »Twirly« Kurey,
Laura Langlie, Abby »Jou Jou« McAden,
Chesley McLaren und besonders meinem
ganz persönlichen Prinzgemahl
Benjamin Egnatz – M.C.

INHALT

VORWORT

von Ihrer Hoheit Prinzessin Mia Thermopolis

Seit ich erfahren habe, dass ich die Kronprinzessin eines kleinen europäischen Fürstentums bin (Genovia; 50 000 Einwohner), werde ich immer wieder gefragt, was mir die Fürstinmutter Clarisse, also meine Grandmère, im Prinzessunterricht eigentlich so beibringt. Wobei ich, ehrlich gesagt, nicht begreife, wieso das für irgendjemanden von Interesse sein soll, weil so ein Prinzessinnendasein nämlich ganz schön langweilig ist – und der Prinzessunterricht sogar extragrottenlangweilig. Viel lieber wäre ich ein ganz normales Mädchen, dann dürfte ich nach der Schule nämlich zum Volleyballtraining und müsste nicht jeden Tag in der Fürstenlimousine zum Prinzessunterricht fahren (okay, vielleicht nicht ausgerechnet Volleyball, weil meine Körperkoordination ja nicht so toll ist … Das war eher im übertragenen Sinn gemeint).

Weil ständig Leute ankommen und mich fragen: »Kannst du uns bitte mal zeigen, wie man einen richtigen Hofknicks macht, Mia?«, habe ich beschlossen, ein Benimmbuch zusammenzustellen, in dem all das steht, was ich in den langen, quälenden Unterrichtsstunden mit Grandmère so lernen muss (obwohl ich ehrlich gesagt, wegen des oben erwähnten Extragrottenlangweilfaktors nicht weiß, wer das lesen will).

Falls ihr euch angesprochen fühlt, könnt ihr hier jedenfalls alles über Haltung, Manieren und die korrekte Anrede eurer

Untertanen nachlesen. Habt ihr zum Beispiel gewusst, dass man einen Grafen niemals mit »Guten Tag, Herr Graf« anspricht, sondern mit »Erlaucht«?

Weil ich allerdings noch alles andere als eine Expertin in Prinzessinnenfragen bin, habe ich ein paar Freunde und Verwandte um Mithilfe gebeten. Und dabei hat sich herausgestellt, dass noch nicht mal Grandmère alles über Prinzessinnen weiß (auch wenn sie immer so tut, als ob ...).

Bevor's jetzt richtig losgeht, muss ich übrigens noch eins loswerden: Es ist ja wohl voll fies und ungerecht, dass ich noch nicht mal eine mündliche Note für dieses Buch bekomme. Aber das ist auch nichts Neues. Denn wie ihr noch früh genug merken werdet, muss man als Prinzessin nämlich vor allem eines: Opfer bringen.

I. Aussehen

Eine Vorbemerkung von Ihrer Hoheit Prinzessin Mia

Wahre Prinzessinnen versuchen zwar immer, möglichst gut auszusehen, was man aber darunter versteht, ist damit noch lange nicht klar. Es gibt nämlich ziemlich viele verschiedene Arten, gut auszusehen. Nehmt einfach mal die ganzen Models in den Zeitschriften: Sie sind für viele Leute die absolute Verkörperung von Perfektion. In Deutschland z. B. soll es aber angeblich als schön gelten, sich *nicht* unter den Achseln zu rasieren. Das wäre bei uns undenkbar. Was beweist: Schönheit ist relativ.

Prinzessinnen kommen – wie andere Menschen auch – in allen möglichen Größen und Ausführungen vor. Deswegen gibt es auch keinen Standardlook, dem alle entsprechen müssen. Gesund zu sein und sich in seinem Körper wohl zu fühlen, ist tausendmal wichtiger, als in auf Hüfte geschnittenen Jeans gut auszusehen. Und am allerwichtigsten ist es natürlich, dass man versucht, ein möglichst guter Mensch zu sein. Prinzessinnen gehen nicht in die Geschichte ein, weil sie in ihrer Jeans so heiß aussehen, sondern wegen ihrer guten Taten. Wobei … eine Sache gibt es doch, die wirklich jedem steht: Selbstvertrauen. Wenn ihr Selbstvertrauen ausstrahlt und euch selbst mögt, werden andere sowohl eure äußere als auch eure innere Schönheit erkennen.

Das erzählen mir zumindest alle immer.

BELLA PRINCIPESSA

von Paolo, Eigentümer und Besitzer des Schönheitssalons »Chez Paolo«, New York City

Ich, Paolo, bin der Maestro, welcher hat die Principessa Amelia von eine hässliche Entlein in eine Schwan verwandelt. Auch ihr könnt aussehen wie eine Prinzessin, wenn ihr beherzigt Paolos einfache Regeln.

Schönheit ist *molto importante*, aber so oft wird übertrieben! Das Aussehen von eine Prinzessin ist *bella*, gesund und gepflegt. FRISCH aussehen ist oberste Ziel, und die Werkzeug, um diese Ziel zu erreichen, sind Wimperntusche, Rouge und Lipgloss.

Alle – ich, Paolo, sowieso – spielen gern mit Schminkesachen. Aber ganz wichtig: Eine Maske trägt man nur an Karneval! Klatscht nicht dicke Make-up oder Lidschatten auf eure Gesicht, außer ihr wollt eure Untertanen Angst machen. Ihr sollt *natürlich* aussehen, meine kleinen Principesse, dann seid ihr *bella*. Wenn ihr liebt die dramatische Look mit viel Schwarz um die Auge und knallerote Lippenstift, werdet Mitglied in der Theater-AG von eure Schule (ich spucke auf schwarz umrandete Augen!). Und kommt nicht zu Paolo und weint an seine Schulter, wenn all die kleinen Prinzen kreischend weglaufen vor euch. Nur wenn ihr befolgt Paolos Regeln, ihr werdet hunderte Prozente *assolutamente perfetto* aussehen.

GRUNDAUSSTATTUNG VON EINE BELLA PRINCIPESSA

Was jede Principessa sollte haben in der Handtasche (sowieso: Taxigeld für Notfälle, Bonbons für frische Atem, ihr Tiara und eine Haarbürste):

- Lippenstift oder Lipgloss
- Puder (um wegzuzaubern die glänzend Nase)
- Abdeckestift (gegen die Augeringe von die nächtliche romantische Treffen, si? Auch gegen kleine Pickelchen)
- Kajal

Was jede Principessa sollte haben in die Bad (neben eine Telefon und eine kleine Fernseher, damit sie immer ist informiert über das Geschehen in die Welt, während sie badet ihre blaublütige Körper):

- Waschcreme, Peeling (oder nehmt eine Waschlappe, aber sanft!) und Feuchtigkeitscreme
- Reinigungstonic, Salbe gegen Pickelchen, Masken
- zarte Make-up, Abdeckestift (gegen Augeringe, Pickelchen), Lippenstift oder Lipgloss
- Kajal, Eyeliner (keine schwarze Kajal! Paolo spuckt auf schwarze Kajal!)

- Rouge (aber natürliche Farbton – oder wollt ihr aussehen wie eine Prinzessinneclown?)
- Wimperntusche
- Maniküre-Set (Nagelschere, Feile, Nagellack)
- Haarprodukte (Shampoo, Spülung, Kuren, Styling-Produkte)

DIE PAOLO-PRINZESSINNE-SCHÖNHEITS-PROGRAMM

Der Look für die perfekte Principessa? Frisch und sauber! Folgt der Programm, das ich habe speziell entwickelt für die Principessa Amelia:

1. Reinigt eure Gesicht morgens und abends mit sanfte Waschcreme. Danach Peeling falls notewendig (sogar Principesse bekommen Mitesser. Keine Witz!), Produkte gegen unreine Haut und Feuchtigkeitscreme.

2. Wascht täglich oder alle zwei Tage die Haare mit eine sanfte Shampoo. Danach Spülung und einmal wöchentlich Kur. Benutzt eine Kamm mit weit auseinander stehende Zähne, um zu entwirren die Haare. Niemand will sehen eine glatzköpfige Principessa!

3. Stylingprodukte wie Mousse oder Gel (benutze sparsam!) können helfen, zu bändigen eine wilde Mähne oder zu geben mehr Volumen für dünnes Haar. Probiert Produkte zu Hause aus, bis ihr richtiges findet, oder sprecht mit eine professionelle Haarstylist wie mich – Paolo.

4. Badet oder duscht täglich. Principesse sind bekannt für ihre liebliche Duft, *no*?

5. Deodorant ist eine MUSS! Ob ihr den ganzen Tag spielt Krocket oder sitzt im Scheinwerferlicht von eine Fernsehstudio bei eine berühmte Moderator, eine Prinzessin *transpiriert* niemals.

6. Entfernt die unerwünschte Körperhaare mit Nassrasierer oder Wachs. Die Principessa Amelia findet, dass jede Frau kann für sich entscheiden und soll sich nicht unterwerfen dem Modediktat. Aber ich, Paolo, bin vehement dagegen, sogar wenn ihr seid eine Deutsche.

Die Methode mit Wachs (kalt oder heiß) ist eine kleberige Schweinerei und die Haut kann rot werden! Überlasst sie Profis wie einem Paolo! Chemische Mittel stinken, sind giftig und entfernen nicht alle Haare. Eine gute Rasierer und Rasiererschaum sind *perfetto*, wenn ihr wollt sein so haarlos, wie es eine Principessa sollte sein (sogar eine deutsche).

Und bitte – Paolo zuliebe! – wenn ihr habt Haare auf der Oberlippe oder auf dem Kinn, zupft sie oder bleicht sie (folgt Anweisung auf der Packung). Bitte rasiert euch nie in die Gesicht. Eine Prinzessin mit Bartstoppeln ist ganz und gar nicht *bella*!

7. Wenn ihr knabbert die Nägel wie die Principessa Amelia, könnt ihr trotzdem haben hübsche Nägel! Schneidet sie schön kurz und lackiert mit transparente Nagellack (mit dunkle Lack Nägel sehen kürzer aus!). Wenn ihr schiebt die Nagelhaut zurück, sieht sogar eine abgeknabberte Nagel länger aus.

DIE HAARE VON EINE PRINCIPESSA

Alle kommen zu Paolo und schreien wie Baby: »Oh, meine Haar sind so lockig! Mach sie glatt! Principesse haben glatte Haare!«

Ich – Paolo – sage: Principesse können lockige Haare haben. Principesse können haben glatte Haare. Principesse können hunderte von kleine Zöpfchen haben, Haarverlängerungen, kurze Haare oder auch die Dreadlocks. Das Geheimnis, um Haare zu bekommen wie eine echte Principessa, ist dieses:

Die Haare von eine Principessa dürfen nie fettig sein.

Die Haare von eine Principessa dürfen nie in die Augen hängen. Das Styling darf nie dauern länger als fünfzehn Minuten.

Warum die fünfzehn Minuten? Weil Principesse haben bessere Dinge zu tun, als zu frisieren ihre Haare (außer ihr habt mich – Paolo –, der euch jede Morgen stylt). Wenn ihr habt glatte Haare und euch abmüht jede Morgen eine halbe Stunde mit dem Lockenstab, ist das eine Verplemperung von eure Zeit! Glatte Haare sind schön. Lockige Haare sind auch schön. Wenn ihr Stunden verbringt, um Locken zu zaubern oder herauszufönen, das ist Zeitverschwendung – und die Haare gehen kaputt!

Darf eine Principessa grüne Haare haben? *Sì!* Solange es

keine fettige grüne Haare sind und sie nicht länger braucht als fünfzehn Minuten für die Styling.

Egal welche Frisur, sie muss aussehen ordentlich und *bella* und muss leicht sein zu pflegen. Das Letzte, worüber sich eine Principessa machen sollte Gedanken, ist ihr Haar! Überlasst das Denken mir – Paolo! Weil ich, Paolo, eine Künstler bin. Und eure Haare sind meine Leinwand.

DIE AUGENBRAUE VON EINE PRINCIPESSA

Die Augen sind das Fenster zu die Seele. Wenn das stimmt, sind die Augenbraue das Vorhang zum Fenster zu die Seele. Und wer will hässliche Vorhänge, die aussehen wie von die Motte zerfressen? Ihr? Nein! Deswegen die Pflege von die Augenbraue ist *molto importante!* Wir von »Chez Paolo« empfehlen Zupfen. Hier eine schnelle Anleitung:

Kauft euch eine Pinzette, wie es gibt sie in jede Drogerie.

Stellt euch vor eine gut beleuchtete Spiegel, damit ihr gut seht eure ganze Gesicht.

Dies ist die eine seltene Fall, wo gilt: Weniger ist NICHT mehr. Zupft nicht mehr als nötig. Bloß die Härchen, die wachsen über die innere Augenwinkel hinaus oder unter dem natürlichen Boge von die Braue. *Capito?*

Zupft die Härchen in die Richtung von die Ohr (Wuchsrichtung von die Haare), dann sie leicht herauskommen. Wie bitte? Ihr weint? GUT SO! Nur mit Schmerz ist Beweis, dass es funktioniert.

Bürstet Härchen am Schluss nach oben und nach außen in Wuchsrichtung. Füllt zu große Lücken (und ihr werdet Lücken zupfen, weil ihr niemals seid so geschickt wie ich – Paolo) mit eine Augenbrauestift in die Farbe von eure Haare aus.

Ecco! Die perfekte Augenbraue. Dank mir, Paolo.

IHRE HOHEIT PRINZESSIN MIA THERMOPOLIS BEANTWORTET DIE DRÄNGENDE FRAGE: DARF EINE PRINZESSIN EINE ZAHNSPANGE TRAGEN?

Hallo? Warum denn nicht? Auch Prinzessinnen haben schiefe Zähne. Ich hab zwar selbst keine Zahnspange, dafür muss ich nachts aber so eine Beißschiene tragen, weil ich mit den Zähnen knirsche, was davon kommt, dass mich ein gewisses Fach in der Schule so stresst. Aber das ist eine andere Geschichte …

Paolos Rezept für ein schönes Lächeln mit Zahnspange:

1. Oft Zähneputzen oder Zahnseide benutzen – nichts ist unprinzessinnenhafter als Gummibärchenreste zwischen den Zahnspangendrähten.
2. Lipgloss und Lippenstift in natürlichen Farben verwenden (dunkle Farben lenken die Aufmerksamkeit auf den Mund).
3. Die Augen betonen (aber nicht zu sehr – Wimperntusche und ein bisschen glitzernder Lidschatten reichen).

Die Summe aus 1. + 2. + 3. ergibt = das perfekte Lächeln (hey, vielleicht bin ich in Mathe ja doch nicht so schlecht!)

II. Etikette

Eine Vorbemerkung von Ihrer Hoheit Prinzessin Mia

Prinzessin zu sein, hat ganz klar nicht nur etwas mit dem Aussehen zu tun, sondern auch viel mit dem Auftreten. Auch wenn ihr euch nicht vorstellen könnt, dass es wichtig ist zu wissen, welche Gabel man für welchen Gang benutzt – ein kleiner Fehler kann schon allen Ernstes den Weltfrieden gefährden. Behauptet Grandmère jedenfalls. Nachdem ihr gelesen habt, was sie zu dem Thema zu sagen hat, könnt IHR hoffentlich alle möglichen folgenreichen Fauxpas verhindern, wenn ihr das nächste Mal bei einem Botschafter, einem Staatsoberhaupt oder einem sonstigen wichtigen Menschen zum Abendessen eingeladen seid.

GUTE MANIEREN ZUM WOHLE DER WELT

von Ihrer Durchlaucht Clarisse Renaldo von Genovia

Ich habe nun schon einige Zeit in den Vereinigten Staaten verbracht und muss hierzulande leider einen geradezu schockierenden Mangel an Manieren beklagen. Taxifahrer hupen ohne die geringste Veranlassung, Kellner reagieren mürrisch, wenn man sie um den vierten oder fünften ordentlich gemixten Sidecar bittet … Ja, selbst so genannte Mitglieder der besseren Gesellschaft wissen nicht, was sich gehört. Immer wieder erlebe ich es, dass mir taktlos »Gesundheit!« zugerufen wird, wenn ich niesen muss, dabei sollte doch nun wirklich jeder wissen, dass man ein Niesen höflich ignoriert!

Manieren sind mitnichten ein Privileg der Blaublütigen. Nein, gute Manieren sind für alle da! Denn nur wenn wir kultiviert miteinander umgehen, können wir darauf hoffen, uns eines Tages weltweit perfekt verständigen zu können und vom Dienstpersonal besser behandelt zu werden.

EINE PRINZESSIN ZEIGT HALTUNG

Wenn ihr wie Prinzessinnen behandelt werden wollt, solltet ihr auch wie Prinzessinnen aussehen. Prinzessinnen zeichnen sich durch ihre Haltung aus. Sie lassen niemals die Schultern hängen. Ihr müsst euch immer vorstellen, an eurem Kopf wäre eine Schnur befestigt, an der euch jemand nach oben zieht. Achtet aber darauf, dass ihr die Schultern nicht zu weit nach hinten drückt – ihr seid Prinzessinnen, keine Kampfpiloten! Falls Paparazzi ein Ganzkörperfoto von euch machen möchten, nehmt die klassische Model-Haltung ein, die der dritten Position im Ballett ähnelt (allerdings ohne die extreme Fußdrehung). Stellt das rechte Bein mit leicht zur Seite gedrehtem Fuß nach vorn und positioniert das linke entspannt dahinter. Dadurch wirken eure Beine schlank und grazil. Es sei denn, ihr tragt Hosen. Allerdings sollte eine Prinzessin auf Fotos niemals Hosen tragen, es sei denn, sie hat dicke Knöchel.

DIE KORREKTE SITZHALTUNG

Prinzessinnen müssen darauf achten, beim Sitzen die Knie immer zusammenzuhalten. Denn falls sich eure Untertanen im Thronsaal zur Audienz einfinden, sollen sie ja auf keinen Fall einen Blick auf euer Unaussprechlichstes erhaschen. Stellt euch einfach vor, ihr würdet einen winzigen Gegenstand zwischen den Knien einklemmen – einen hübschen, zehnkarätigen Saphir-Ring von Tiffany zum Beispiel. Setzt euch mit überkreuzten Füßen leicht seitlich hin oder sitzt gerade und stellt die Füße unter den Stuhl.

Prinzessinnen schlagen in der Öffentlichkeit niemals die Beine übereinander, setzen sich keinesfalls im Schneidersitz auf einen Sessel, legen die Füße nicht auf den Stuhl oder den vor ihnen stehenden Tisch, sitzen niemals breitbeinig da (einzige Ausnahme: Ihr sitzt in einem Flugzeug, das notlandet. Dann müsst ihr wohl den Kopf zwischen die Beine legen.) und lassen schon gar nicht die Beine über die Armlehne ihres Sessels baumeln. Die Hände sollten sittsam im Schoß verschränkt werden, es sei denn, ihr stickt, unterzeichnet Staatsdokumente oder seid dabei, ein wohlverdientes *cadeau* von einem eurer Bewunderer auszupacken.

DER AUFRECHTE GANG

Eine Prinzessin schlurft, hüpft und schlendert nicht. Sie schreitet aufrecht, mit hoch erhobenem Haupt, den Blick selbstbewusst nach vorn gerichtet und die Arme entspannt an den Seiten herabhängend (es sei denn, sie hält eine Tasche oder einen kleinen *chien* im Arm). Stellt euch wieder vor, jemand zöge euch an einer Schnur nach oben.

Der Begleiter einer Prinzessin, sei es ihr Prinzgemahl oder ihr persönlicher Leibwächter, sollte auf der Straße immer zwischen ihr und der Fahrbahn gehen, um sie vor dem Spritzwasser vorbeifahrender Autos zu schützen – oder auch vor der Kugel eines Attentäters.

DER UMGANG MIT BLAUBLÜTIGEN

Zunächst einmal eine kurze Übersicht über die verschiedenen Adelsränge:

Ehepaar	Nachkommen
Kaiser, Kaiserin	Prinz, Prinzessin
König, Königin	Prinz, Prinzessin
Erzherzog, Erzherzogin	Erzherzog, Erzherzogin
Großherzog, Großherzogin	Prinz, Prinzessin
Herzog, Herzogin	Prinz, Prinzessin
Fürst, Fürstin	Prinz/Graf, Prinzessin/Gräfin
Graf, Gräfin	Graf, Komtess
Baron, Baronin	Baron, Baroness
Freiherr, Freifrau	Freiherr, Freiin
Ritter/Edler, Edle	Ritter/Edler, Edle

Sprecht ihr ein Mitglied des Adels direkt an, wird die Anrede Herr/Frau einfach durch Graf/Gräfin, Prinz/Prinzessin etc. ersetzt. Es gibt vier Höflichkeitsanreden:

1. Königliche Hoheit (alle Mitglieder von Familien, die Königreiche regieren oder regiert haben)
2. Hoheit (im Rang niedriger, Mitglieder von Fürstenfamilien)

3. Durchlaucht (ebenfalls für die Mitglieder von Fürstenfamilien)
4. Erlaucht (Korrekte Anrede für Grafen/Gräfinnen)

Im Briefverkehr gelten folgende Abkürzungen:

S. K. H./I. K. H.	Seine/Ihre Königliche Hoheit
S. H./I. H.	Seine/Ihre Hoheit, Hochwohlgeboren
S. D./I. D.	Seine/Ihre Durchlaucht
S. E./I. E.	Seine/Ihre Erlaucht

(S. E. steht außerdem für »Seine Exzellenz«, eine Anrede, die ausländischen Botschaftern zusteht.)

[Aber keine Bange, da Botschafter in der Regel ohne Krone rumrennen, ist die Gefahr, dass man sie mit einer Erlaucht verwechselt, außerordentlich gering.]

[Und nur damit ihr es wisst: Die pinken Kommentare stammen natürlich von mir – Prinzessin Mia höchstpersönlich!]

WENN IHR ADELIGEN VORGESTELLT WERDET …

… dann ist das eigentlich ganz einfach. Wenn man einem Mitglied des Hochadels vorgestellt wird, muss man als ganz gewöhnlicher Mensch einen Diener oder einen Hofknicks machen – ganz besonders dann, wenn man in dem Land wohnt, das von der Person, der man vorgestellt wird, regiert wird.

Einem König oder einer Königin muss JEDER diese Ehrenbezeugung erweisen, wohingegen sie selbst vor niemandem einen Diener bzw. Knicks machen müssen, der im Rang unter ihnen steht. Prinzen und Prinzessinnen müssen sich wiederum nicht vor Grafen und Gräfinnen verbeugen oder knicksen und diese wiederum nicht vor Freiherren und Freifrauen. Die rüpelhaften Amerikaner allerdings meinen, ganz auf eine Verbeugung oder den Hofknicks verzichten zu können, weil sie sich vor ungefähr zweihundert Jahren unter großen Anstrengungen von ihrem Monarchen unabhängig gemacht haben (der es ihnen erst ermöglicht hat, ihr Land zu besiedeln, aber wie wir wissen … Undank ist der Welt Lohn).

Trotzdem ist es höflich, sich vor Kaisern, Königen und Königinnen zu verbeugen oder zu knicksen, ob sie nun über einen regieren oder nicht.

Der perfekte Hofknicks

Es gibt den kleinen Knicks und den Hofknicks. Beim kleinen Knicks wird der rechte Fuß in gerader Linie etwa eine Fußlänge hinter den linken Fuß gestellt, wobei nur die Zehen den Boden berühren. Ihr geht wenige Zentimeter in die Knie und nickt leicht mit dem Kopf. Anschließend erhebt ihr euch wieder.

Beim Hofknicks wird der rechte Fuß in einem Bogen nach hinten geführt und die Zehenspitzen werden etwa fünfzig Zentimeter hinter dem linken Fuß abgestellt. Die »Kniebeuge« ist so tief, dass sich das rechte Knie nur wenig oberhalb des linken Fußgelenks befindet. Anstatt zu nicken, neigt ihr den ganzen Oberkörper nach vorne (aber bitte nicht so weit, dass ihr Gefahr lauft, vornüber zu kippen, wie ich es bei gewissen trampeligen amerikanischen Debütantinnen beobachten musste!). Die Arme werden dabei in einem Bogen erst nach vorne und anschließend zur Seite und nach hinten geführt. Diese Haltung behaltet ihr bei, bis ihr zum Aufstehen aufgefordert werdet oder der Würdenträger an euch vorbeigegangen ist. Stellt den linken Fuß hinter den rechten und geht ein kleines Stückchen in die Knie, dann richtet euch wieder auf.

Seht ihr, *mes enfants*? Es ist ganz einfach.

[Unsere Direktorin Mrs Gupta hat allen Ernstes einen Hofknicks gemacht, als sie Grandmère vorgestellt wurde! Ihr könnt mir glauben: Etwas Lächerlicheres hab ich in meinem ganzen Leben noch nicht gesehen.]

WENN IHR EINEM NICHTADELIGEN VORGESTELLT WERDET …

… dann solltet ihr lächeln, dem Gegenüber in die Augen sehen und ihm oder ihr die rechte Hand reichen. Sagt: »Guten Tag, ich bin Clarisse Renaldo, die Fürstinmutter von Genovia« (oder wie auch immer ihr heißt). Der Händedruck sollte selbstbewusst, aber nicht zu kräftig sein. Ihr seid Prinzessinnen, keine Ringerinnen.

[Der Händedruck darf aber auch nicht zu lasch sein, sonst denkt euer Gegenüber, ihr wärt nicht selbstaktualisiert, s. Kapitel IV.]

Wenn ihr zwei Leute einander vorstellt, so nennt deren Vor- und Nachnamen. Falls ihr den Namen einer der Personen vergessen habt, stellt ihr diejenige vor, an deren Namen ihr euch erinnert (»Haben Sie schon Seine Königliche Hoheit Prinz William kennen gelernt?«). Meistens hat man das Glück, dass der andere sich dann selbst namentlich vorstellt.

DIE HOHE SCHULE DER GEPFLEGTEN KONVERSATION

Wenn man jemandem vorgestellt wurde und ins Gespräch kommen möchte, bietet es sich an, den anderen nach seiner Meinung zu einem bestimmten Thema zu fragen. Die wichtigste Grundregel dabei ist: Stellt auf gar keinen Fall Fragen, die mit einem einfachen Ja oder Nein zu beantworten sind, denn dann gerät das Gespräch sofort wieder ins Stocken. Fragt lieber: »Wo haben Sie eigentlich Ihren Sommerpalast?«, oder: »Was sagen Sie zu dem unglaublich scharfsinnigen Artikel über die Familie des japanischen Kaisers in der letzten Ausgabe der New York Times?« Aktuelle Ereignisse, Kinofilme, beliebte Fernsehsendungen und Musik sind ebenfalls ideale Gesprächseinleitungen.

Man kann aber auch einen Kommentar zum Wetter oder zu der Örtlichkeit abgeben, in der man sich gerade befindet.

[Übers Wetter reden? Bitte nur in absoluten Notfällen! Ein langweiligeres Thema gibt's ja wohl wirklich nicht.]

Prinzessinnen sind gute Zuhörerinnen:
Reißt das Gespräch nicht an euch, selbst wenn ihr die einzige Blaublütige im Raum seid. Lasst andere auch zu Wort kommen. So begeistert ihr auch von eurem eigenen Wortwitz sein mögt, zwingt euch gelegentlich dazu, den Mund zu halten und euer

Gegenüber nach seiner Meinung oder seinen Erfahrungen zu fragen.

Prinzessinnen tratschen nicht:
Es ist sehr unklug, jemanden, den man gerade erst kennen gelernt hat, mit einem: »Haben Sie schon das von der Gräfin und Prinz René gehört?« zu überfallen, weil derjenige antworten könnte: »Die Gräfin ist meine Frau. Was ist denn mit ihr und Prinz René?« Das könnte ungemütlich werden.

Verbale Entgleisungen:
Prinzessinnen benutzen grundsätzlich keine Kraftausdrücke. Und wenn doch, dann nur in Situationen, in denen sie unter extremer emotionaler Anspannung stehen, zum Beispiel wenn ihnen jemand die Gliedmaßen abhackt oder sie versehentlich ein wertvolles Schmuckstück im Bidet heruntergespült haben.

[Ja, es ist wahr. Prinzessinnen machen sich niemals über das Aussehen anderer Leute, über ihre politischen Ansichten, ihre Religion oder ihr Hobby lustig. Noch nicht mal über Cheerleader. Schade eigentlich.]

DIE ETIKETTE BEI TISCH

Es wird unweigerlich passieren. Irgendwann werdet ihr zu einem offiziellen Abendessen geladen werden. Daher ist es von entscheidender Bedeutung, dass ihr schon im Vorfeld in die Geheimnisse der manierlichen Nahrungsaufnahme eingeweiht seid.

Die Gabeln liegen links, die Messer rechts. Die wichtigste Grundregel: Von Gang zu Gang arbeitet man sich von außen nach innen durch. Die erste Gabel, nach der ihr greift, ist also diejenige, die am weitesten vom Teller entfernt liegt.

Links oben neben dem Hauptteller steht der Beisetzteller für Brot oder Salat, eventuell auch für abgenagte Knochen und Gräten.

Rechts vom Teller stehen der Größe nach geordnet die Wein- und Wassergläser.

Eine voll gestellte Tafel kann gelegentlich verwirren, sodass man nicht weiß, welches Glas oder welcher Brotteller zu welchem Gedeck gehört. Es ist ganz einfach: Der Brotteller zu eurer Linken und die Gläser zu eurer Rechten gehören euch. Verstanden? *Très bien!*

[Klar, man will ja keinem aus Versehen das Brot wegfressen und auf gar keinen Fall aus dem Glas von jemand anderem trinken. Besonders nicht aus dem von Boris Pelkowski, in dem immer Essensreste dümpeln.]

So macht ihr es richtig:

- Wartet immer, bis sich alle Gäste um den Tisch versammelt haben, bevor ihr Platz nehmt.
- Nachdem ihr euch gesetzt habt, entfaltet zunächst die Serviette und legt sie ausgebreitet auf den Schoß.
- Wartet stets, bis die Gastgeberin zur Gabel gegriffen hat, bevor ihr euer Besteck zur Hand nehmt.
- Haltet das Messer so, dass der Griff unter dem kleinen Finger hervorschaut und der Zeigefinger oben auf dem Griff liegt und Druck ausüben kann, während Daumen und Mittelfinger als Seitenruder dienen. Die Gabel wird wie das Messer mit den Zinken nach unten gehalten, während sie das festhält, was ihr schneidet, oder etwas aufspießt. Dient sie als Schaufel (für Reis, Erbsen und Ähnliches), wird sie umgedreht, und der Stiel ruht in der Kuhle zwischen Daumen und Zeigefinger.
- Wenn ihr ein Stück Fleisch aufspießt, müsst ihr es in einem Happen aufessen. Auf keinen Fall dürft ihr nur ein Stück davon abbeißen. Schneidet deshalb das Stück in mundgerechter Größe ab.
- Kerne oder Knochen werden (diskret) mit den Fingern aus dem Mund entfernt und auf den Tellerrand gelegt.
- Sandwiches oder Maiskolben dürfen mit den Fingern gegessen werden. Achtet aber darauf, eure Finger an der Serviette abzuwischen, statt sie ABZULECKEN!
- Falls ihr während der Mahlzeit kurz verschwinden müsst, entschuldigt euch und legt die Serviette auf den Stuhl.
- Wollt ihr während des Essens nur eine Pause einlegen, legt

ihr euer Besteck über Kreuz auf den Teller. Wenn ihr Messer und Gabel parallel auf den Teller legt, weiß das Personal, dass ihr fertig seid und der Teller abgeräumt werden kann. Wartet mit dem Aufstehen, bis sich eure Gastgeberin erhoben hat.

Tabus bei Tisch:

- Fangt niemals vor euren Gastgebern zu essen an.
- Sprecht nicht mit vollem Mund.
- Spreizt beim Trinken keinesfalls den kleinen Finger ab, das sieht ordinär aus. [Auch wenn Mrs Thurston Howell III. das immer macht und sich dabei supervornehm vorkommt.]
- Zerschneidet euer Fleisch nicht vor dem Essen in lauter kleine Happen, sondern schneidet immer nur so viel ab, wie ihr gerade essen wollt.
- Stopft euch nicht den ganzen Mund voll, egal wie gut es euch schmeckt. [Stimmt. Das kann vor allem bei eiskalten Speisen wie Sorbets unangenehm werden.]
- Saugt Spagetti nicht ein, sondern dreht sie mittels der Gabel am Tellerrand oder auf einem Löffel zu mundgerechten Portionen.
- Taucht Chips oder Gemüsesticks, von denen ihr bereits abgebissen habt, nicht noch einmal in die Schüssel mit dem Dip.
- Und das Allerwichtigste: Bedroht niemals mit dem Messer eure Tischnachbarn – auch nicht versehentlich!

Falls ihr bei einem offiziellen Essen etwas angeboten bekommt, das ihr nicht mögt, lehnt mit einem höflichen »Nein Danke« ab. Gebt keine langatmigen Erklärungen ab. Falls ihr streng vegetarisch lebt, dürft ihr dies der Gastgeberin mitteilen, allerdings diskret, ohne dass es der gesamte Tisch mitbekommt.

[Es bringt überhaupt nichts, etwas, das ihr aus ethischen Gründen nicht essen wollt – Melone mit Schinken zum Beispiel –, auf den Boden fallen zu lassen und darauf zu hoffen, dass der Hund der Gastgeber es fressen wird. Dann besteht nämlich die große Gefahr, dass der Hund es genauso wenig mag und die Melone am Schluss an eurer Schuhsohle klebt. Nicht dass mir das jemals passiert wäre …]

DIE PRINZESSINNEN VOR DER ERBSE(-NSUPPE)

Bei dem Gericht, mit dessen korrektem Verzehr die meisten Esser ihre allergrößten Schwierigkeiten haben, handelt es sich entgegen landläufiger Annahme nicht um den majestätischen Hummer oder die stachelige Artischocke, sondern um das vielleicht schlichteste aller Gerichte: die Suppe. Wie schnell kann eine Suppe zum Fettnäpfchen werden! Die Fauxpas reichen vom Schlürfen bis hin zum lautstarken Auskratzen des Tellers. Die Lösung lautet ganz einfach: WEG! Löffelt die Suppe immer von euch *WEG*. Neigt euch vor, führt den Löffel SEITLICH zum Mund und esst LAUTLOS. Kauert um Gottes willen nicht über dem Teller wie ein Hund, der sein Fressen verschlingt, und schiebt euch nicht den ganzen Löffel in den Rachen, als würdet ihr Hustensirup schlucken.

Auch wenn häufig das Gegenteil behauptet wird: Schlürfen wird in KEINEM Land gern gehört, jedenfalls nicht in Adelskreisen.

Wenn nur noch wenig Suppe in eurem Teller ist, neigt den Teller leicht von euch *weg*, um den Rest auszulöffeln. Verstanden? Ihr löffelt von euch WEG, ihr neigt den Teller von euch WEG. So vermeidet ihr, dass sich die Suppe womöglich niagarafallartig in euren Schoß ergießen könnte.

Und pustet auf keinen Fall auf die Suppe, falls sie zu heiß ist! WARTET, BIS SIE ABGEKÜHLT IST. UND, NEIN,

IHR DÜRFT AUF GAR KEINEN FALL DIE EISWÜRFEL AUS EUREM WASSERGLAS IN DIE SUPPE LÖFFELN. Es gibt Länder, in denen der Koch dies als schwere Beleidigung auffassen würde, die ihm das Recht gäbe, euch eures Platzes an der Tafel zu verweisen. Und das wäre ganz richtig so.

DAS TISCHGESPRÄCH

In den meisten Ländern sieht man es als unhöflich an, während des Essens über politische oder religiöse Fragen zu diskutieren, außer es handelt sich um eine zwanglose Mahlzeit unter engen Freunden. Kein Mensch will sich den Appetit verderben lassen, indem er sich mit Meinungen auseinander setzen muss, die sich womöglich radikal von seinen eigenen unterscheiden. Deshalb gilt: Ganz gleich wie groß euer Bedürfnis ist, jemanden davon zu überzeugen, wie verquer seine Ansichten sind, hebt euch solche Diskussionen für die Cocktailstunde auf, wenn euer Opfer sich nach eurem Angriff mit Spirituosen betäuben kann.

DIE PARTYPRINZESSIN

Prinzessinnen müssen häufig Leute einladen. Ob ihr einen großen Ball gebt oder zwanglos zum Tee ladet – die Pflichten einer Gastgeberin sind immer dieselben.

- Stellt die Gäste, die sich noch nicht kennen, einander vor* und beginnt ein Gespräch, das die beiden fortführen können, nachdem ihr euch höflich davongestohlen habt, um euch den übrigen Gästen zu widmen.

- Sorgt dafür, dass eure Gäste sich wohl fühlen (so ist unentschuldbar, an einem heißen Sommertag die Klimaanlage nicht anzustellen oder an einem kalten Tag die Heizung nicht aufzudrehen!), und stellt ausreichend Speisen und Getränke bereit.

---

* Allerdings ist es nicht ratsam, Gäste mit extrem unterschiedlichen politischen Vorstellungen zusammenzubringen. Zum Beispiel sollte ein eingefleischter Monarchist auf keinen Fall neben einen Anarchisten gesetzt werden. Das könnte höchst unerfreulich enden.
[Übrigens sollten auch Cheerleader und Computerfreaks besser voneinander fern gehalten werden.]

- Mischt euch unter die Leute! Stellt die Gäste einander vor! Regt Gespräche an!

Wenn ihr selbst zu Gast seid:

- Kommt pünktlich und auf keinen Fall später als eine Viertelstunde nach der auf der Einladung angegebenen Uhrzeit. Zu spät zu kommen, ist nicht etwa »cool«, sondern einfach nur rüpelhaft. Zu früh zu kommen, ist allerdings fast noch peinlicher. Oder wollt ihr eure Gastgeber allen Ernstes verschwitzt und ungeschminkt erleben?

- Mitglieder des Adels sind in der Regel sehr beliebt und werden daher häufig zu mehreren am selben Abend stattfindenden Veranstaltungen eingeladen. Um nicht den Eindruck zu erwecken, ihr würdet einem bestimmten Gastgeber den Vorzug geben, solltet ihr auf jedem der Bälle oder Soiréen etwa eine Stunde verbringen – genug Zeit für einen Cocktail also. Esseneinladungen sind heikler. Hier solltet ihr auf jeden Fall noch eine Stunde bleiben, nachdem der letzte Gang serviert wurde. Jede vorzeitige Verabschiedung würde als grobe Unhöflichkeit betrachtet. Werdet ihr auf keiner anderen Veranstaltung mehr erwartet, könnt ihr ruhig so lange bleiben, bis die meisten anderen Gäste aufbrechen oder eure Gastgeber deutliche Anzeichen von Ermüdung zeigen. Auf einer größeren Party oder einem Ball solltet ihr euch vor dem Aufbruch auf die Suche nach den Gastgebern begeben, um ihnen persönlich für den schönen Abend zu danken.

- Falls ihr spontan eine Freundin, einen Freund oder einen kleinen *chien* mitbringen möchtet, solltet ihr vorher das Einverständnis eurer Gastgeber einholen.

[Das ist besonders dann angeraten, wenn einige der anderen Gäste allergisch sind (wie z. B. Boris Pelkowski) und unkontrolliert niesen, sobald Tiere in der Nähe sind.]

PRINZESSIN IN WORT UND SCHRIFT

Es gibt keine reizendere Art, sich bei jemandem zu bedanken, als durch ein persönliches Schreiben. Jede Prinzessin sollte ein eigens für sie gedrucktes und im Idealfall mit ihrem Familienwappen verziertes Briefpapier besitzen, auf dem sie sich schriftlich für die von ihren zahlreichen Verehrern empfangenen Geschenke bedanken kann. Dankesschreiben kommen nie aus der Mode und der Empfänger freut sich immer.

[Wenn ihr euch bei jemandem nicht bedankt, der euch etwas geschenkt hat, könnte es passieren, dass er euch für undankbar hält und ihr von ihm nie mehr etwas bekommt. Allein schon deshalb lohnt sich die Mühe!]

Das perfekte Dankesschreiben

Schreibt sofort, nachdem ihr das Geschenk bekommen habt, am allerbesten innerhalb einer Woche. Allerdings ist ein verspätetes Dankesschreiben immer noch besser als gar keines. Der Brief sollte immer ehrlich und vor allem persönlich sein. Statt …

Liebe Großeltern Thermopolis,
danke für euer Geschenk.

… schreibt lieber:

Liebe Großeltern Thermopolis,
vielen Dank für den süßen kleinen Gartenzwerg, den ihr mir geschickt habt! Er sieht auf meiner Feuertreppe vor dem Fenster ganz toll aus (da hab ich ihn hingestellt, weil ich ja keinen Garten habe).

Erwähnt immer, um was für ein Geschenk es sich gehandelt hat (in diesem Fall: ein Gartenzwerg), andernfalls könnte der Schenker vermuten, ihr würdet allen, die euch etwas geschenkt haben, denselben Brief schicken.

Falls das Geschenk beschädigt bei euch angekommen ist oder ihr den Gegenstand bereits besitzt, dürft ihr dies höflich verschweigen, um den Schenkenden nicht unnötig zu verletzen.

Falls es sich um ein Geldgeschenk handelt, solltet ihr in eurem Brief erwähnen, was ihr damit zu tun gedenkt.

Liebe Grandmère,
das Geld, das du mir zu Weihnachten geschenkt hast,
werde ich sofort einer Walrettungsorganisation spenden!
Vielen Dank, dass du mir geholfen hast, einen Orka zu retten!

Ein schriftliches Dankesschreiben ist zwingend notwendig, wenn:

- ihr Ehrengast bei einem Essen oder einer feierlichen Stammeszeremonie wart,
- ihr zum Geburtstag, zu einem bestimmten Feiertag, dem Schulabschluss oder eurer Krönung Geschenke erhalten habt,
- ihr bei jemandem über Nacht zu Gast wart, der weder ein enger Verwandter noch eine Freundin ist, bei der ihr häufiger übernachtet. Ein Dankesschreiben ist selbst dann notwendig, wenn ihr euch bei eurem Gastgeber bereits persönlich bedankt habt.

[Zum Beispiel muss ich Shameeka kein Dankesschreiben schicken, wenn ich bei ihr auf einer Pyjamaparty eingeladen war, aber ich muss mich schriftlich bei meiner Tante Simone bedanken, wenn ich in ihrer Villa übernachten durfte.]

- euch jemand Blumen geschickt hat (zum Beispiel weil ihr krank wart),
- ihr ein Kondolenzschreiben von jemandem erhalten habt,
- euch jemand schriftlich zu irgendeinem Ereignis gratuliert hat (zum Beispiel zur Thronbesteigung).

Das Kondolenzschreiben

Prinzessinnen müssen häufig in den tragischsten Situationen Haltung beweisen. Stirbt zum Beispiel ein Abgeordneter des Parlaments oder ein Staatsoberhaupt, wird erwartet, dass die Prinzessin am Begräbnis teilnimmt und dass sie den Hinterbliebenen einen Kondolenzbrief schreibt. Wenn man jemanden verloren hat, der einem sehr nahe stand, kann ein solcher Brief sehr tröstlich sein. Der Kondolenzbrief sollte immer von Hand geschrieben sein und möglichst eine kurze, liebenswerte Anekdote über den Verstorbenen enthalten.

Liebe Tante Simone,
es hat mich sehr erschüttert, vom plötzlichen Tod deines geliebten Katers Monsieur Pamplemousse zu hören. Auch wenn ich Monsieur Pamplemousse nur wenige Male gesehen habe, werde ich nie den Tag vergessen, an dem mir meine Gänseleberpastete vom Teller gefallen ist und er sie ganz aufgefressen hat, sodass ich sie nicht mehr essen musste. Monsieur Pamplemousse war wirklich ein ganz besonderer Kater und ich werde ihn sehr vermissen.
Wenn ich irgendetwas für dich tun kann, lass es mich bitte wissen.
Deine traurige
Mia

Wenn ihr nach einem Todesfall selbst einen Kondolenzbrief erhalten habt, müsst ihr schriftlich darauf antworten. Der Brief muss nicht lang, sollte aber persönlich gehalten sein.

Chère Amelia,
die freundlichen Zeilen, die du mir nach Monsieur Pamplemousses Tod geschrieben hast, haben mir in dieser traurigen Zeit sehr gut getan. Es ist mir ein großer Trost, dass Monsieur Pamplemousse so geliebt worden ist, und ich möchte dir für deinen Brief von Herzen danken.
Deine Tante, Simone Grimaldi

Selbst wenn die Person am anderen Ende der Leitung euch nicht sehen kann, kann sie euch doch sehr gut hören. Deshalb gilt auch am Telefon: Eine Prinzessin zeichnet sich stets durch ihre ausgesuchte Höflichkeit aus.

Wenn ihr angerufen werdet

Meldet euch mit vollem Namen, damit der Anrufer sofort weiß, mit wem er spricht, und nicht erst verlegen nachfragen muss. Andererseits ist es erlaubt zu sagen: »Darf ich fragen, wer anruft?«, wenn der Anrufer sich nicht namentlich zu erkennen gibt.

[Sagt einem unbekannten Anrufer auf gar keinen Fall, dass ihr allein zu Hause seid, erst recht nicht wenn euer Bodyguard gerade seinen freien Tag hat!]

Falls ihr von der durchaus praktischen Möglichkeit Gebrauch macht, einen Anrufer wegzudrücken, während ihr einen zweiten Anruf entgegennehmt, lasst ihn nicht zu lange warten. Wenn ihr mit dem ersten Anrufer weitersprechen wollt, sagt zum zweiten Anrufer: »Verzeihung, aber ich habe jemanden in der anderen Leitung. Kann ich nachher noch einmal zurückrufen?« Allerdings dürft ihr dann auch nicht vergessen, ihn tatsächlich zurückzurufen.

Wenn ihr selbst anruft

Es gilt als ein Akt der Höflichkeit, sich namentlich zu erkennen zu geben, wenn man irgendwo anruft. Am besten sagt man Folgendes: »Hallo, hier ist die Prinzessin von Genovia. Könnte ich bitte mit Prinz René sprechen?«

Und vergesst niemals: Gutes Benehmen bringt einen immer weiter!

IMMER SICHER UNTERWEGS

von Lars, staatlich geprüftem Personenschützer

Ich muss mich an dieser Stelle mal einschalten und sagen, dass es leider bestimmte Situationen gibt, in denen Höflichkeit fehl am Platz ist. Und zwar dann, wenn ihr persönlich in Gefahr seid. Prinzessinnen haben in der Regel Bodyguards, die sie beschützen. Aber ihr Normalsterblichen braucht gar nicht unbedingt einen 2,02 Meter großen und 130 Kilogramm schweren (alles reine Muskelmasse!) schwedischen Krav-Maga-Experten wie mich an eurer Seite, um euch zu wehren. Ihr könnt euch auch selbst verteidigen. Das ist gar kein Problem!

Wenn ihr angegriffen werdet, fangt ihr einfach lautstark an zu singen, um den Angreifer kurzzeitig zu verwirren, und rammt ihm gleichzeitig eure Ellbogen und Knie so fest wie möglich in

- den Solar Plexus
- die Nase
- die Weichteile

Alles klar? SINGT und RAMMT!!! Das ist ganz einfach. Das kann wirklich jeder.

Ein anderes wirkungsvolles Werkzeug, um Angreifer abzuwehren, sind die Stimmbänder. Wenn sich euch jemand in zweifelhafter Absicht nähert, schreit einfach laut los. Auch wenn der

Angreifer euch sagt, dass ihr mit dem Lärm aufhören sollt, schreit ihr so lange unbeirrt weiter, bis euch jemand zu Hilfe kommt. Erfahrungsgemäß verwirrt das Schreien die Angreifer so sehr, dass sie wie verängstigte kleine Kinder vom Tatort fliehen.

III. Mode

Eine Vorbemerkung von Ihrer Hoheit Prinzessin Mia

Traurig, aber wahr: Es ist nicht egal, wie ihr euch anzieht. Es sollte eigentlich egal sein – wir sollten alle an unserem Verhalten gemessen werden und nicht nach unserem Aussehen, aber trotzdem beurteilen andere Menschen uns nun einmal danach, wie wir uns anziehen. Deshalb solltet ihr eure Einzigartigkeit auch durch einen einzigartigen Kleidungsstil herausstreichen.

Wenn ihr – wie ich – an einer Schule seid, an der die Schuluniform Pflicht ist, müsst ihr morgens nicht lange überlegen, was ihr anzieht. Schwieriger ist es, wenn es bei euch keine Schuluniformen gibt, weil ihr dann eine »Schulgarderobe« zusammenstellen müsst. Man geht ja schließlich nicht mit den Sachen zur Schule, die man für einen Ball oder ein festliches Bankett anziehen würde …

Prinzessinnen allerdings tragen sowieso ganz andere Sachen als Normalmenschen, weil sie immer mal wieder im Fernsehen auftreten und ständig fotografiert werden. Wenn ihr feierlich die neue Kinderstation eröffnet, die ihr dem örtlichen Krankenhaus gestiftet habt, wollt ihr ja nicht euer labberiges, altes Lieblings-T-Shirt anziehen. Dann würden die Ärzte und Patienten nämlich denken, der Anlass wäre euch nicht wichtig genug, um euch hübsch anzuziehen … und das könnte folgenreiche diplomatische Verstimmungen nach sich ziehen (echt wahr!).

Leute, die sich (im Gegensatz zu mir) nicht immer picobello anziehen müssen, wenn sie irgendwo hingehen, haben es echt gut. Aber auch wenn ihr bloß in die Schule geht, solltet ihr Sachen tragen, die zwar cool sind, in denen ihr euch aber trotzdem wohl fühlt. Denn nur wenn man sich wohl fühlt, sieht man wirklich gut aus.

GUT AUSSEHEN UND SICH NOCH BESSER FÜHLEN!

von Sebastiano, dem gefeierten genovesischen Modedesigner

[Ich habe Sebastianos Beitrag übrigens ein bisschen korrigiert, weil er – obwohl er schon so lange hier lebt – immer noch so redet, dass man ihn kaum versteht. Paolos Grammatik ist ja schon gewöhnungsbedürftig, aber Sebastiano sollte echt dringend bei Ms Martinez ein paar Nachhilfestunden nehmen!]

Ihr habt beschlossen, am ersten Schultag nach den Ferien auszusehen wie ein Mannequin? Sehr lobenswerte Entscheidung. Aber Mannequins werden dafür bezahlt, gut auszusehen, und bekommen außerdem viele Kleider geschenkt, *non*? Für euch wird das schwieriger. Wenn ihr aussehen wollt wie Mannequins, aber nur das Taschengeld einer Schülerin habt, steht ihr vor einem Problem. Hier ein paar Tipps:

In Fabrik-Outlets kann man immer Schnäppchen machen. Spart den Sommer über euer Geld und fahrt dann am Ende der Ferien zusammen mit euren Freundinnen zu einem Outlet. Aber schmeißt euer Geld dort nicht zum Fenster heraus! Überlegt genau, was ihr braucht, und kauft nur Sachen, von denen ihr euch sicher seid, dass ihr sie auch öfter anziehen werdet. Schaut immer mal wieder in Secondhandshops und auf Flohmärkten nach witzigen Accessoires, mit denen ihr eurem Outfit einen persönlichen Touch geben könnt. Probiert aus, welche

Farben euch stehen, und legt euch eine Grundgarderobe in Farbtönen zu, die sich untereinander gut kombinieren lassen.

Zur Ausstattung gehören unbedingt:

- eine Jeans, blau
- eine Jeans, schwarz
- eine Stoffhose, Farbe egal
- drei Pullover in euren Lieblingsfarben
- eine weiße Bluse
- zwei Blusen in euren Lieblingsfarben
- T-Shirts und Trägershirts in vielen Farben
- ein kürzerer Rock (aber nicht zu kurz)
- ein längerer Rock (aber nicht zu lang)
- bequeme Schuhe mit niedrigem Absatz
- Sneakers
- bequeme Schuhe mit höherem Absatz
- Stiefel
- eine dicke Jacke
- ein schwarzer Mantel

Wenn ihr diese Teile im Schrank habt, könnt ihr daraus ein Dutzend toller Outfits zusammenstellen und seid für das ganze Schuljahr versorgt. Kombiniert! Benutzt eure Fantasie! Seid kreativ! Leiht euch Schals und Tücher von euren Müttern. Schlingt euch Tücher in die Haare! Wen kümmert es, was andere Leute sagen? Wenn sie eure Kleidung nicht mögen, ist das ihr Problem, nicht eures, *non*? Nur indem ihr mit Mode experimentiert, könnt ihr herausfinden, worin ihr gut ausseht und euch noch besser fühlt.

Aber bitte, Sebastiano zuliebe (es gibt ein paar Sachen, die wirklich an niemandem gut aussehen), haltet euch fern von:

- zu kurzen Miniröcken
- Schlauchtops
- zu kurzen Shorts
- Stiefeln, die bis zum Oberschenkel reichen
- Stilettos, auf denen ihr herumeiert
- Netzstrumpfhosen
- allem, was lila ist

[Also ganz offensichtlich war Sebastiano noch nie auf einem Schulfest der Albert-Einstein-Schule. Wenn er dort jemals auftaucht, fällt er tot um!]

DIE GARDEROBE EINER WAHREN PRINZESSIN

von Ihrer Durchlaucht Clarisse von Genovia

Euer Äußeres spiegelt euer Inneres wider, daher lässt eine schlampige Erscheinung auf einen unkultivierten Geist schließen. Alle großen Denker der vergangenen Jahrhunderte – von Fürstin Grazia Patrizia von Monaco über Audrey Hepburn bis hin zu Sophia Loren – waren immer tadellos gekleidet. Also werft eure Schlabberhosen und Turnschuhe auf den Müll und lernt, euch zu kleiden wie der Hochadel.

[Platon war allerdings auch ein großer Denker und der ist immer nur im Bettlaken herumgelaufen.]

Das »Darunter«

- Büstenhalter, in Weiß und hautfarben sowie einen schwarzen, der aber nur unter dem absolut unverzichtbaren »kleinen Schwarzen« getragen wird. Zieht um Gottes willen nie, nie, niemals einen schwarzen BH unter einer weißen Bluse an!

[Das setzt natürlich voraus, dass ihr – im Gegensatz zu mir – etwas habt, um den BH zu füllen.]

- Hüftgürtel, ebenfalls weiß und hautfarben sowie einen in Schwarz für oben erwähntes schwarzes Cocktailkleid.

[Hüftgürtel! Ich lach mich tot. Was soll das denn bitte sein? Wahrscheinlich meint sie diese komischen Bauch-weg-Miederhöschen. Ich persönlich halte ja gar nichts davon, sich freiwillig Folterwerkzeuge umzuschnallen, in denen man keine Luft bekommt, bloß um irgendeinem von den Medien festgelegten Schönheitsideal zu entsprechen.]

Die Grundgarderobe

- mindestens fünf Kostüme in gedeckten Farbtönen wie Blau oder Grau für Einladungen zum Mittagessen, zum Tee, Parlamentssitzungen etc.

[Kostüme sind für Grandmère das, was für uns Jeans und T-Shirts sind.]

- ein schwarzes Kleid aus Taft, einem leichten Wollstoff, Samt oder Ripsseide

[Grandmère behauptet ja immer, dass ein Mädchen unter achtzehn niemals Schwarz tragen darf, es sei denn, sie nimmt an einem Staatsbegräbnis teil. Tja, Grandmère war eindeutig noch nie in einem der Szeneviertel unterhalb der 14. Straße in New York. Wenn man dort nicht in schwarzen Klamotten herumläuft oder wenigstens ein Tattoo hat, fühlt man sich so fehl am Platz wie eine Tierschützerin beim Stierkampf.]

- Ballkleid in Himmelblau, Rosa, Weiß oder Blassgelb

[Kein Rot! Niemals rot, es sei denn, man will aussehen wie die englische Queen.]

Das »Darüber«

- Kamelhaarmantel: Der perfekte Mantel, vom Vormittag bis in die späte Nacht. Wählt einen schmalen, geraden Schnitt oder einen weit schwingenden, den ihr über eurem Reifrock anziehen könnt.

[Ich hab ja immer gedacht, Kamelhaarmäntel wären aus Kamelfell, aber sie sind zum Glück bloß aus Kamelwolle, sodass man keine Angst haben muss, am Tod eines Kamels schuld zu sein, wenn man so ein Teil trägt.

Ach ja, und das hätte ich ja fast übersehen: – »euer« *Reifrock*!!!!! HAHA, HAHA!!!!]

- ein Cape aus Chinchillapelz. Jede wahre Prinzessin sollte eins haben.

[Oh Gott, mir wird schlecht. Habt ihr euch im Zoogeschäft mal einen Chinchilla angeschaut? Das sind ja wohl die süßesten, knuddeligsten Tiere, die man sich überhaupt nur vorstellen kann. Die sehen aus wie in Zuckerwatte gewälzte Eichhörnchen. Ein Cape tragen, das aus hunderten von kleinen Chinchilla-Leichen genäht ist? Das ist ganz klar etwas, was eine wahre Prinzessin niemals tun würde!]

- einen Regenmantel. Weil es manchmal auch regnet – sogar auf Prinzessinnen.

Schuhe

- Mokassins (vorzugsweise handgenäht) aus Italien

[Schuhe aus Leder anzuziehen, finde ich okay, weil die Leute – *andere* Leute, nicht ich – das Fleisch sowieso essen. Wenigstens weiß man dann, dass die armen Kühe nicht nur wegen ihres Fells geschlachtet worden sind.]

- schwarze Schuhe mit Absätzen, die allerdings nicht höher als fünf Zentimeter sein sollten

[vor allem wenn man mit den Schuhen dann so groß ist wie der eigene Freund – nicht dass das wahnsinnig schlimm wäre.]

- goldene bzw. silberne Abendsandaletten

[Die Schuhe, die die betreffende Prinzessin – sprich ich – am liebsten anzieht, sind aus schwarzem Leder und haben gelbe Nähte. Ganz genau, ich spreche von meinen Doc-Martens! Das sind die bequemsten Schuhe überhaupt. Und außerdem gibt man mit ihnen ein Statement ab. Nämlich: »Ich weigere mich, mich an spießige Regeln zu halten, die irgendwelche Modefaschisten festgelegt haben. Ich bin ich, Mia Thermopolis, Prinzessin, Greenpeace-Unterstützerin und Schülerin!!!«]

Springerstiefel sind eine ganz und gar unakzeptable Fußbekleidung für eine Prinzessin!

Die Accessoires

- eine schlichte Kette aus makellos geformten Perlen für jeden Tag

[Habt ihr gewusst, dass die Austern sterben, wenn man die Perle rausnimmt? Wenn ihr eine Perlenkette tragt, müsst ihr damit leben, dass wegen euch irgendwo ein Haufen toter Austern rumliegt.]

- dazu passende Perlenohrringe

[Zwei tote Austern.]

- geschmackvolle Brillantohrstecker, nicht unter einem, nicht über drei Karat – eine Prinzessin trägt niemals protzigen Schmuck.

[Brillanten sind geschliffene Diamanten, und ich hab in Erdkunde gelernt, dass man total aufpassen muss, damit man keine »Blutdiamanten« kauft – also welche aus Ländern, in denen Kinder als Sklaven in Minen arbeiten und wo blutige Bürgerkriege geführt werden. Komisch, dass so was in den ganzen »Ein Diamant ist für die Ewigkeit«-Werbungen mit keinem Wort erwähnt wird.]

- Tiara bzw. Krönchen (mindestens fünfundsiebzig Karat) für offizielle Anlässe

[s. o.: Blutdiamanten]

- weiße, ellbogenlange Handschuhe

[Das ist mal ausnahmsweise was richtig Praktisches. Wenn ihr solche Handschuhe anhabt, kann keiner sehen, wie schlimm ihr vor Aufregung an den Nägeln gekaut habt, als ihr die letzte Folge von »O. C.« geschaut habt.]

Mit dieser Grundgarderobe liegt keine Frau jemals falsch. Von königlichen Hochzeiten bis hin zu Tennisturnieren in Wimbledon wird sie immer perfekt gekleidet sein. Denn merkt euch: Nur wenn ihr ausseht wie eine Prinzessin, könnt ihr eine Prinzessin sein.

[Ich glaube ja, es wäre noch prinzessinnenhafter, wenn man das ganze Geld, das man für diese Garderobe ausgeben würde, einer Tierschutzorganisation spendet. Aber das muss natürlich jeder für sich entscheiden.]

DIE TIARA UND IHRE KORREKTE VERWENDUNG

Unabdingbarer Bestandteil der Garderobe einer jeden jungen Prinzessin ist natürlich ihre Tiara. Es gibt viele verschiedene Arten von glitzerndem Kopfschmuck, die vom dekorativen Haarkamm bis hin zur hermelingepolsterten Herrscherkrone reichen. Aber das klassische Erkennungszeichen der Prinzessin ist ihre Tiara.

Eine Tiara steckt man etwa fünf bis sieben Zentimeter hinterm Haaransatz ins Haar. Tragt ihr sie zu tief in der Stirn, verleiht euch das schnell das Aussehen eines Neandertalers. Zu weit nach hinten geschoben, ist sie auf den Fotos der Paparazzi nicht zu sehen.

Eine Tiara darf niemals beim Frühstück getragen werden und wird grundsätzlich nicht vor elf Uhr vormittags aufgesetzt, es sei denn, ihr nehmt an einem Staatsbegräbnis oder an einer Hochzeit teil.

Andere Gelegenheiten, zu denen die Tiara nicht getragen werden sollte:

- beim Schwimmen
- beim Wasserschifahren
- unter dem Helm bei der Besichtigung von Baustellen
- während eines Staatsstreichs

[Es ist auch nicht ratsam, die Tiara aus ihrer Schatulle zu nehmen, während man in einem fahrenden Fahrzeug oder Flugzeug sitzt, weil man sie versehentlich einem arglosen Sitznachbarn ins Auge rammen könnte. Nicht dass mir das je passiert wäre … okay, bis auf das eine Mal.]

IV.
Persönlichkeit

Eine Vorbemerkung von Ihrer Hoheit Prinzessin Mia

Wahrscheinlich seid ihr jetzt ziemlich baff, was? Das war ich auch, als ich erfahren hab, dass es nicht reicht, sich grazil zu bewegen, gute Manieren zu haben und zu wissen, wie man sich anzieht, wenn man eine echte Prinzessin sein will. Nein, es gehört noch viel mehr dazu, zum Beispiel ein soziales Gewissen und dass ihr nett zu Menschen seid, denen es nicht so gut geht wie euch. Das Ganze nennt man dann »Persönlichkeit«.

Man muss nicht blaublütig sein, um einen guten Charakter zu haben. Ich kenne sogar eine Menge Leute, in deren Adern nicht der kleinste Tropfen blaues Blut fließt und die trotzdem ganz viele prinzessinnenhafte Qualitäten haben.

Genau wie ich setzen sie alles daran, Selbstaktualisierung zu erlangen. Ihr wollt wissen, wie man sich selbst aktualisiert? Kein Problem. Im nächsten Kapitel findet ihr ein paar Tipps.

DER JUNG'SCHE BAUM DER SELBSTAKTUALISIERUNG

Der Psychoanalytiker Dr. Carl Gustav Jung hatte die Theorie, dass man, um die FRÜCHTE des Lebens ernten zu können, erst einmal ein solides Fundament aus WURZELN wachsen lassen muss. Diese Wurzeln sind:

Mitgefühl	Liebe	Begeisterungsfähigkeit
Nächstenliebe	Wärme	Vergebung
Freundschaft	Güte	Dankbarkeit
Vertrauen		

Und das sind die Früchte:

Selbstvertrauen	innerer Frieden	Kreativität
Zufriedenheit	Zielstrebigkeit	Erfüllung
Gesundheit	Selbstmotivation	Glück
Freude		

Ganz einfach, was? Wenn ihr nett seid, werdet ihr nicht nur wahre Prinzessinnen, sondern noch dazu eins mit euch selbst, und ihr erlangt komplette spirituelle Harmonie!

VON DER KUNST, KUMPEL ZU FINDEN

von Hank Thermopolis, männliches Supermodel und ehemaliges Landei aus Versailles in Indiana, jetzt wohnhaft in New York

Okay, mal angenommen, ihr kommt an eine neue Schule oder fangt bei einer neuen Model-Agentur an und kennt keinen. Klar ist das ätzend, aber noch lange kein Grund, allein in der Ecke zu versumpfen! Es gibt nur einen Weg, Leute kennen zu lernen. Na ja, man muss eben nett sein und auf die Leute zugehen. Das heißt jetzt nicht, dass ihr euch brutal in die Gespräche von anderen einmischen sollt, aber wenn ihr zufälligerweise mitbekommt, dass sich ein paar Leute über einen Film unterhalten, den ihr auch gesehen habt, könnt ihr ruhig in einem passenden Moment sagen: »Hey, den hab ich auch gesehen! Die Szene, wo das Alien dem Typen den Kopf abgebissen hat, war voll krass, oder?!« Na ja, oder so was in der Art eben.

Falls ihr eher der schüchterne Typ seid, sucht euch jemanden, der auch schüchtern wirkt. Vielleicht sitzt in der Model-Agentur ein Mädel rum, das ganz still in einem Buch liest. Geht einfach auf sie zu und sagt: »Hallo, ich bin neu hier. Kannst du mir vielleicht sagen, wo ich meine Setcard abgeben muss?« Klar, kann sein, dass sie dir sagt, du sollst dich verpissen. Aber wahrscheinlich sagt sie das eher nicht. Und schon hast du eine neue Freundin!

Freunde finden ist aber nur der Anfang. Man muss sie auch behalten. Wie man das macht? Na ja, indem man zu ihnen hält, sie nie ausnutzt und sie nicht vergisst (noch nicht einmal dann, wenn man halb nackt auf einem Riesenwerbeplakat auf dem Times Square zu sehen war und dadurch berühmt geworden ist).

DER PRINZ – EIN GEBORENER SPORTSFREUND

von Seiner Hoheit Prinz René Phillipe August Giovanni

Ein guter Sportsfreund ist mehr als nur sportlich. Er muss anderen mit gutem Beispiel vorangehen (erst recht wenn ihr, wie ich, das Glück hattet, als Prinz geboren zu sein), und dazu gehört vor allem, dass er kein schlechter Verlierer sein darf. Aristokraten bekommen auf dem Spielfeld nie Wutanfälle, beschuldigen andere nie, gefoult zu haben, und schleudern ihren Poloschläger nicht auf den Boden, wenn sie verloren haben. Sie akzeptieren ihre Niederlage mit Würde, schütteln dem Sieger die Hand und sagen aus ehrlichem Herzen: »Gut gespielt, Alter!« Prinzen beklagen sich nicht über den Zustand des Spielfelds oder eine Entscheidung des Schiedsrichters – noch nicht einmal dann, wenn Beschwerden berechtigt wären.

Gewinnt ein Prinz ein Spiel, lässt er sich seinen Triumph nicht zu offensichtlich anmerken, indem er nach einem Tor ein Freudentänzchen hinlegt oder rüde Spottlieder über die Verlierer singt. Ein guter Gewinner erkennt die Leistung seines Gegners immer an.

Egal ob beim Schifahren, Segeln oder beim Billardspielen im heimischen Schloss, ein Prinz gibt immer sein Bestes und verliert vielleicht einmal ein Spiel – nie aber seine gute Laune! Und natürlich gilt das alles genauso auch für Prinzessinnen.

VERHALTENSREGELN FÜR ZUSCHAUER

von Lilly Moscovitz, begeisterte Kinogängerin und ehemalige Freundin eines Mundatmers

Lasst uns mal Klartext reden: Es gibt ja wohl NICHTS Nervigeres, als zehn Dollar abzudrücken (sogar noch mehr, wenn man sich Popcorn und Cola gekauft hat) und sich dann ins Kino zu setzen und festzustellen, dass hinter euch Leute sitzen, die ununterbrochen quatschen oder mit dem Fuß gegen euren Sessel kicken. Das ist ja wohl eindeutig KEIN prinzessinnenhaftes Verhalten. Nein, das ist noch nicht mal *MENSCHLICHES* Verhalten.

Wenn Leute irgendwo zusammenkommen, um ein Sportevent, einen Film, ein Theaterstück oder ein Konzert zu genießen, haben sie normalerweise Geld bezahlt, um sich unterhalten zu lassen. Deshalb ist es extrem uncool, wenn irgendwelche Ignoranten ihnen diesen Genuss versauen, indem sie Kommentare in Richtung Leinwand brüllen (ja, okay, manchmal kann das auch Spaß machen, aber nicht IMMER), mit ihren Handys telefonieren, sich laut unterhalten, die Sportler wüst beschimpfen oder sogar RAUCHEN.

Und jetzt noch ein Wort zu Mundatmern. Okay, es kann ja sein, dass ihr irgendwelche schiefen Nasenscheidewände habt oder eine Zahnspange tragt, aber MÜSST ihr deshalb wirklich durch den Mund atmen? Muss das sein? Könnt ihr nicht versuchen, eure Lippen geschlossen zu halten und durch die Nase zu atmen? BITTE????

Wir müssen alle auf diesem Planeten zusammenleben. Lasst uns versuchen, uns nicht gegenseitig auf die Nerven zu fallen.

DU HAST E-MAIL

von Kenneth Showalter, erklärter E-Mail-Fan

Jeder kriegt gern Mails. Ich kenne jedenfalls niemanden, der stöhnt: »Oh nein, nicht schon wieder eine!«, wenn er sieht, dass sein Posteingang voll ist. Außer es sind irgendwelche Viagra-Spam-Mails drin.

Das Tolle an Mails (abgesehen davon dass es einfach Spaß macht, sich mit seinen Freunden zu mailen) ist vor allem, dass es eine geniale Methode ist, um mit Angehörigen des anderen Geschlechts Kontakt aufzunehmen, wenn man im direkten Gespräch leicht rot wird oder kein Wort herausbringt. Mit anderen Worten, es ist eine geniale Methode, um mit dem Menschen zu kommunizieren, den man heimlich anbetet. Natürlich gibt es ein paar Sachen, die man beachten sollte:

- Wenn jemand nicht auf eure Mails reagiert, dann schickt ihm nicht dauernd neue. Sein Schweigen bedeutet nämlich, dass er kein Interesse an euch hat.
- Wenn ihr übertrieben lange Mails schreibt oder jemanden permanent mit Mails bombardiert, wirkt das schnell aufdringlich, und ihr erreicht das Gegenteil von dem, was ihr euch wünscht.
- Schreibt nicht sofort wieder zurück, sobald ihr eine Antwort bekommen habt. Ihr wollt ja nicht, dass euer Angebeteter denkt, ihr hättet nichts anderes zu tun, als am PC zu sitzen und alle fünf Minuten eure Mail zu checken (auch wenn das so ist). Außerdem ist es viel spannender, wenn man ein bisschen auf die Antwort warten muss. Spannt ihn ruhig ein bisschen auf die Folter!

Also noch mal: E-Mails sind ein geniales Kommunikationsmedium, aber vergesst niemals den Unterschied zwischen einem witzigen Mailverkehr und Psychoterror.

Okay, dann haut mal in die Tasten! CUL. Kenny.

[Falls der von euch Angebetete jemand ist, den ihr in einem Forum oder Chatroom kennen gelernt habt, denkt dran, dass er ein psychopathischer Mundatmer oder ein von einem mit euch verfeindeten Fürstentum auf euch angesetzter Doppelagent sein könnte. Seid also vorsichtig und verratet nie euren Nachnamen, eure Adresse oder Handynummer!]

GEDANKEN ZUM THEMA BELIEBTHEIT

von Shameeka Taylor, Freundin von Prinzessin Mia Thermopolis und seit neuestem Cheerleader an der Albert-Einstein-Schule

Jeder wäre gern beliebt. Aber viele von uns können sich anstrengen, so viel sie wollen, sie sind es einfach nicht. Schaut euch doch nur mal Mia Thermopolis an: Die ist eine echte Prinzessin, und es gibt trotzdem ziemlich viele, die sie nicht so toll finden (sorry, Mia). Ich hab mich bei den Cheerleadern beworben und bin sogar genommen worden, aber trotzdem gehöre ich damit nicht automatisch zur Clique der Beliebten und Bewunderten. (Nicht dass ich unbedingt dazugehören möchte – deswegen hab ich mich wirklich nicht beworben. Ich wollte bloß ausprobieren, ob ich bei denen eine Chance habe. Und ich hab es geschafft. Juhu!)

Ich glaube, ehrlich gesagt, nicht, dass irgendjemand eine Erklärung dafür hat, warum manche Leute von allen bewundert werden und andere nicht. Manchmal werden total langweilig aussehende Tussen zur Ballprinzessin gewählt und die wirklich schönen Mädchen werden nicht mal zum Tanz aufgefordert, also kann es schon mal nichts mit dem Aussehen zu tun haben. Und totale Idioten werden Klassensprecher, während die netten Leute jeden Samstag einsam und allein zu Hause hocken und »Deep Space Nine« gucken. Also geht es anscheinend auch nicht darum, wie nett jemand ist.

Vielleicht hat es etwas mit der Einstellung zu tun. Ich hab beobachtet, dass oft genau die Menschen besonders beliebt sind, die nicht krampfhaft versuchen, sich bei allen beliebt zu machen. Deshalb ist es, finde ich, ziemlich bescheuert, sich ständig Gedanken darüber zu machen, an welcher Stelle man in der Rangordnung der Schule steht. Es ist viel schöner, richtig gute Freunde zu haben, als Leuten nachzulaufen, die beliebt sind, in der Hoffnung, das würde irgendwie auf einen abfärben. Und man sollte sein eigenes Ding machen, ohne sich ständig zu fragen, was andere davon halten. Das ist jedenfalls der einzige Weg, den ich kenne, um diese komische Selbstaktualisierung zu erreichen, von der Mia die ganze Zeit redet.

[Wir haben Shameeka alle verziehen, dass sie seit neuestem Cheerleader ist, weil sie der Beweis dafür ist, dass es auch nette Cheerleader gibt. Und außerdem bekommen wir durch sie endlich aus erster Hand saftigen Lästerstoff über Lana und Co. geliefert!]

DU KANNST DIE WELT RETTEN!

von Ihrer Hoheit Mia Thermopolis

Eine wahre Prinzessin sorgt dafür, dass dieser Planet und die Menschen, Tiere und Pflanzen darauf noch ein bisschen länger überleben können. Hier fünf einfache Ideen, mit denen ihr dazu beitragen könnt:

1. Geht zu Fuß, fahrt Fahrrad oder benutzt öffentliche Verkehrsmittel. Verpestet die Umwelt nicht noch mehr, indem ihr euch überall von euren Eltern hinkutschieren lasst.

2. Wenn ihr am Meer wohnt oder im Urlaub seid und beim Einkaufen diese dünnen Plastiktüten bekommt, macht immer einen Knoten rein, bevor ihr sie wegwerft. Die werden nämlich ganz oft vom Wind ins Meer geblasen, und wenn sie da so treiben, blähen sie sich auf und sehen aus wie leckere Quallen und werden dann von Raubfischen gefressen, die elendig sterben, weil sie einen Plastikklumpen im Magen liegen haben. Wenn ihr einen Knoten reinmacht, kann das schon mal nicht passieren.

Noch besser ist es allerdings, wenn ihr zum Einkaufen einen Beutel oder Korb mitnehmt und ganz auf Plastiktüten verzichtet.

3. Schmeißt euren Müll nicht einfach in die Gegend, auch wenn andere das so machen, und hebt ruhig auch mal Abfälle auf, die nicht von euch stammen. Lasst euch nicht davon abhalten, selbst wenn andere vielleicht darüber lachen – ihr wisst, dass ihr das Richtige tut.

4. Denkt dran, das Licht auszumachen, wenn ihr aus einem Zimmer geht, und das Wasser nicht die ganze Zeit laufen zu lassen, während ihr die Zähne putzt.

5. Achtet beim Einkaufen mal darauf, wie die Sachen verpackt sind, und bestraft die Firmen, die sich anscheinend keine Gedanken über Müllvermeidung machen, indem ihr deren Produkte nicht mehr kauft.

LISTE DER FILME, IN DENEN DIE HAUPTDARSTELLER SELBSTAKTUALISIERUNG ERLANGEN UND/ODER SICH WIE WAHRE PRINZEN BZW. PRINZESSINNEN VERHALTEN

von Mia Thermopolis und Lilly Moscovitz

»*Crazy for you*«: Der Ringer Mathew Modine bleibt sich selbst treu, auch als er von Linda Fiorentino verlassen wird, und gewinnt seinen Wettkampf (und das Herz von Daphne Zuniga). Außerdem sieht er in seinem eng anliegenden Ringertrikot ja wohl supersüß aus.

»*Matrix*«: Keanu Reeves rettet lieber die Menschheit, statt faul herumzuliegen und von Steaks zu träumen.

»*verrückt/schön*«: Kirsten Dunst muss die Beziehung zu ihrem Vater klären, weil er sie sonst in ein Lager für schwer erziehbare Jugendliche schickt und sie ihren tollen Freund nie wiedersieht.

»*Natürlich Blond*«: Reese Witherspoon begreift, dass eine gute Ausbildung wichtiger ist, als sich wie Barbie zu stylen. Und dabei schafft sie es auch noch, einfach unwiderstehlich auszusehen!

»*Girls United*«: Eine Gruppe von Cheerleadern (von Kirsten Dunst angeführt) lernt, dass Siegen nicht alles ist. Manchmal ist es wichtiger, Gutes zu tun.

»*Save the last Dance*«: Eine junge Balletttänzerin (Julia Stiles) erkennt endlich, dass es keinen Grund gibt, die Spitzenschuhe an den Nagel zu hängen, bloß weil ihre Mutter auf dem Weg zu ihrem Vortanzen tödlich verunglückt ist.

»*Spider Man*«: Tobey Maguire beweist, dass man die Erde nicht beherrschen muss, bloß weil man es vielleicht könnte. Eine wertvolle Lektion für alle Staatsoberhäupter.

DAS ULTIMATIVE BENIMMBUCH
I Aussehen
II Etikette
III Mode
IV Persönlichkeit
V Bildung
VII Die geheimnisvolle Welt des anderen Geschlechts
Plötzlich Prinzessin
MEG CABOT
PLÖTZLICH PRINZESSIN
MEG CABOT
DAS ULTIMATIVE BENIMMBUCH

V. Bildung

Eine Vorbemerkung von Ihrer Hoheit Prinzessin Mia

Es ist ein weit verbreiteter Irrglaube, dass man in der Schule lauter Einsen gehabt haben muss, um ein Land zu regieren. Man muss dazu überhaupt nicht in der Schule gewesen sein – besonders dann nicht, wenn man den Thron vererbt bekommt, wie es bei mir eines Tages der Fall sein wird.

Traurigerweise gibt es trotzdem Menschen (wie meinen Vater), die der festen Meinung sind, dass man als Staatsoberhaupt nicht nur die Schule beenden, sondern danach am besten auch noch studieren sollte. Okay, vielleicht ist es wirklich nicht ganz unpraktisch, wenn man als Thronfolger ein bisschen was über Geschichte weiß und einigermaßen rechnen kann. Dann weiß man später, wenn man im Parlament zum Beispiel Steuergesetze erlässt, wenigstens, was man da eigentlich macht.

Ich kann aber nur sagen, dass die Schule bis jetzt zu den schlimmsten Erfahrungen meines jungen Lebens gehört (die ganze Prinzessinnensache nicht mitgerechnet). Jeder, der behauptet, die Schulzeit sei die schönste Zeit des Lebens, hat an der Schule wahrscheinlich zu den wenigen bei allen beliebten Stars gehört und nie schlechte Noten gehabt.

DIE AUSBILDUNG EINER KÜNFTIGEN MONARCHIN

von Ihrer Durchlaucht Clarisse von Genovia

In meiner Jugend herrschte allgemein die Auffassung, dass höhere Töchter nur dann eine Ausbildung bekommen mussten, wenn sie so unansehnlich waren, dass sie wahrscheinlich niemals einen Heiratskandidaten finden würden.

Heute ist das anders, und auch ich halte es für unabdingbar, einem Mädchen in der Schule all die wichtigen Fähigkeiten zu vermitteln, die eine Mutter ihrer Tochter nicht beibringen kann. Jede zukünftige Prinzessin benötigt eine gründliche Unterweisung in:

- Latein (um die Wappensprüche ihrer adeligen Freunde entziffern zu können)
- Französisch (um die süßen Nichtigkeiten zu verstehen, die ihre Verehrer ihr ins Ohr flüstern, und um in Luxusrestaurants die Speisekarte lesen zu können)
- Sticken (Gobelins sticken und Zierdeckchen häkeln – die Hände einer Dame ruhen niemals!)
- Gesellschaftstanz (Walzer, Rumba, Tango)
- Edelsteinkunde (um Fälschungen zu erkennen)

Eine fundierte Ausbildung in den oben genannten Wissensgebieten garantiert einem Mädchen ein Leben voller romantischer Begegnungen und exotischer Abenteuer.

[Das mit dem Tanzen finde ich auch nicht so schlecht. Dann sitzt man auf dem Abschlussball wenigstens nicht allein in der Ecke.]

DIE BILDUNG EINER KÜNFTIGEN MONARCHIN

von Fürst Artur Christoff Phillipe Gerard Grimaldi Renaldo von Genovia

Heutzutage lastet eine ungeheure Verantwortung auf den Schultern des Oberhaupts eines modernen Staates. Wir können zu einer langfristigen Verbesserung der globalen Situation nur beitragen, indem wir demokratische Systeme stärken und der Tyrannei das Wasser abgraben. Wer heutzutage effektiv in der internationalen Politik tätig sein will, benötigt allerdings ein umfassendes theoretisches und geschichtliches Verständnis sowie überragende analytische und praktische Fähigkeiten. Deshalb sollte sich jeder, der im Dienste des Staates tätig sein oder mithelfen will, die Probleme zu lösen, denen sich Staatslenker heutzutage gegenübersehen, mit folgenden Fragen beschäftigt haben. Noch besser wäre es allerdings, wenn er einen akademischen Abschluss darin erworben hätte.

- Wirtschaftspolitik
- Bioethik
- Quantitative Wirtschaftsanalyse
- Fiskalische Dezentralisierung und kommunale Finanzen
- Neue Modelle der Einkommensversteuerung
- Analytische Rahmenbedingungen in der Politik
- Agrarwirtschaft und weltweite Nahrungspolitik
- Privatisierung, Finanzierung und Regulierung öffentlicher Infrastrukturen

- Analyse der Rahmenbedingung zur EU-Erweiterung
- Lebensfähigkeit der Kommunen und öffentliche Sicherheit
- Umweltpolitik und Nachhaltigkeit der Wirtschaftssysteme
- Justiz und öffentliche Ordnung
- Alternative Energien
- Bildungspolitik und Reformierung der Schulen
- Menschenrechte und die Souveränität des Staates
- Kriegerische und ethnische Konflikte
- Internationales Konfliktmanagement
- Intervention und Friedenssicherung
- Mehrung und Nutzung institutioneller Gewalt
- Politische Führung in Zeiten der Krise
- Konfliktmediation
- Geheimdienste und Streitkräfte

Durch behutsames diplomatisches Vorgehen ist es uns mit vereinten Kräften gelungen, das Samenkorn des internationalen Friedens zu säen. Blühen kann dieser Friede aber nur, wenn allen Menschen weltweit das Recht auf Bildung zugestanden wird und sie dieses Recht auch nutzen. Das Schicksal der Welt liegt in EUREN Händen. Enttäuscht uns nicht.

ÜBER DIE BEDEUTUNG VON AGs

von Lana Weinberger, Captain des Cheerleader-Teams und nach eigenen Angaben beliebteste Schülerin der Albert-Einstein-Schule

Ihr Lieben! AGs sind nicht bloß dazu da, um nach dem regulären Unterricht knuffige Jungs kennen zu lernen (obwohl das ganz klar ein Zusatzbonus ist), nein, sie machen sich auch sehr gut im Abschlusszeugnis, mit dem ihr euch später um einen Ausbildungs- oder Studienplatz bewerbt.

Zu den richtig coolen AGs gehören: Cheerleading (falls ihr hübsch genug und beweglich seid), Fußball, Bodenturnen, Lacrosse, Leichtathletik, Basketball, Football, Baseball oder Volleyball. Aber auch für unsportliche Langweiler gibt es die richtigen AGs, u.a. Schülerzeitung, Jahrbuch, Theatergruppe, Chor, Schach-AG, Computer-AG etc.

Wenn ihr richtig komisch drauf seid und immer noch zu viel freie Zeit habt, könnt ihr auch ehrenamtlich für Hilfsorganisationen wie »Essen auf Rädern« oder »Amnesty International« arbeiten, in der Stadtbücherei, dem Krankenhaus oder dem Obdachlosenasyl aushelfen oder euch bei Greenpeace engagieren – auch wenn das bedeutet, dass ihr mit Leuten zusammenkommt, die ja wohl null Ahnung davon haben, was modisch angesagt ist, und auch sonst eher deprimierende Zeitgenossinnen sind. So, und jetzt würde ich gern die Gelegenheit wahrnehmen, euch zu bitten, in der großen Pause nicht immer den Spiegel im Mädchenklo zu blockieren, weil ich nie rankomme, um mein Lipgloss aufzufrischen.

Ihr wisst genau, dass ihr mich liebt – eure Lana

[Lana begreift nicht, dass die ganzen so genannten Langweiler von heute die Bill Gates, Jodie Fosters und Hillary Clintons von morgen sind – je unbeliebter sie sich bei denen macht, desto größer sind ihre Chancen, bei zukünftigen Klassentreffen keines Blickes von ihnen gewürdigt zu werden.]

VI. Die mysteriöse Welt der Jungs

Eine Vorbemerkung von Ihrer Hoheit Prinzessin Mia

Okay, nehmen wir mal an, ihr habt endlich euren Prinzen gefunden … oder zumindest einen Jungen, den ihr gern näher kennen lernen würdet. Im nächsten Kapitel erklärt euch Tina Hakim Baba (die eine echte Expertin in Liebesdingen ist: Sie hat höchstpersönlich über tausend Liebesromane gelesen!), wie ihr seine Aufmerksamkeit erregen könnt, ohne dass er vor eurem leidenschaftlich entflammten Herzen wegrennt wie ein aufgeschrecktes Reh.

Außerdem: ein Interview mit Michael Moscovitz (ganz genau … meinem offiziellen Begleiter).

ICH WILL, DASS DU MIT DEINEM PRINZEN IN DEN SONNENUNTERGANG REITEST!

von Tina Hakim Baba, Romantikspezialistin der AES

Sieben Tricks, wie du das Herz deiner großen Liebe gewinnen kannst (oder zumindest ein Date mit ihm):

1. Wenn du in der Nähe des Objekts deiner Begierde bist, versuche, möglichst attraktiv auszusehen. Okay, wenn ihr beide zusammen Sport habt, ist das natürlich nicht ganz so leicht zu bewerkstelligen, aber du weißt schon, was ich meine …

2. Sei freundlich, aber nicht aufdringlich. Lächle, wenn du ihn siehst, und sag: »Hallo.« Falls sich eine Chance ergibt, ins Gespräch zu kommen, nutze sie, aber leg es nicht krampfhaft darauf an. (Remple ihn zum Beispiel nicht »versehentlich« an und verlier dabei deine Tiara. Die meisten Jungs durchschauen solche plumpen Manöver.)

3. Wenn du ihn kennen gelernt hast, solltest du ihn nicht gleich mit deinen Problemen zutexten (egal für wie hochdramatisch und interessant du sie hältst). Und du darfst auf keinen Fall über andere lästern! Du willst ihn ja mit deinem Humor und deinem Charme für dich gewinnen und ihm keine Angst machen oder wie eine unsympathische Schnepfe wirken.

4. Hör ihm gut zu. Nichts finden Jungs unwiderstehlicher als eine Gesprächspartnerin, die

- sie nie mitten im Satz unterbricht
- ihnen in die Augen schaut
- interessierte Fragen stellt
- sie anhimmelt und ihnen das Gefühl vermittelt, sie seien das tollste Wesen auf Gottes Erden.

5. Ärgere dich nicht, wenn du dich mit einem Jungen gut verstehst und er trotzdem keine Annährungsversuche macht. Jungs sind im Gegensatz zu Mädchen oft Spätzünder. Vielleicht ist er einfach noch nicht so weit.

6. In solch einem Fall musst du möglicherweise zu drastischeren Maßnahmen greifen, zum Beispiel indem du bei derselben AG mitmachst wie er oder auf dieselben Veranstaltungen gehst, damit er dich endlich bemerkt. Es ist keineswegs verwerflich, wenn du z.B. einem leidenschaftlichen Arachniden-Fan gegenüber ein Interesse für Spinnen heuchelst. Normalerweise ist es

aber klüger, ihm ehrlich zu sagen, dass du eigentlich kein Interesse an achtbeinigen Krabbeltierchen hast, sondern an ihm! Wahrscheinlich fühlt er sich dann geschmeichelt. Ein paar Dinge solltet ihr aber schon gemeinsam haben, damit ihr irgendeine Chance habt, miteinander glücklich zu werden. Sonst verbringst du am Ende mehr Zeit im Insektenhaus des Zoos, als dir lieb ist, oder du musst dir eine Tarantel-Doku nach der anderen mit ihm anschauen.

7. Wenn sich der Typ nach all deinen Anstrengungen immer noch nicht mit dir verabreden will, musst du den Stier bei den Hörnern packen (im übertragenen Sinn) und ihn fragen, ob er mal was mit dir machen möchte.

WIE MAN EIN DATE MIT EINEM JUNGEN VERABREDET

auch von Tina

Mias Großmutter behauptet steif und fest, dass ein Mädchen einen Jungen niemals fragen darf, ob er sich mit ihr verabreden will. Ich möchte der Fürstinmutter ja nicht zu nahe treten, aber da irrt sie sich. Warum sollen Mädchen immer passiv sein? Schließlich gibt es ja auch schüchterne Jungs. Das Einzige, was man nicht tun sollte, ist, jemanden, der kein Interesse zeigt, immer wieder zu fragen. Es gibt einen Grund, warum er ablehnt, und dieser Grund könnte sehr gut sein …

… dass er nichts von dir will,

… dass er eine andere liebt,

… dass er sich mit keinem Mädchen einlassen darf, das nicht derselben Glaubensgemeinschaft angehört wie er

– oder –

… dass er bereits einer anderen versprochen ist.

Versuch, es nicht persönlich zu nehmen (ja, ja, ich weiß, dass das schwer ist), und probier es beim nächsten Kandidaten. Wer weiß? Womöglich besinnt er sich irgendwann noch (aber bis dahin hast du vielleicht schon die wahre Liebe deines Lebens gefunden!).

Sechs einfache Tricks, wie man seinem Angebeteten näher kommen kann:

1. Frag ihn, ob er vielleicht Lust hat, sich mit dir zu treffen, um gemeinsam für die Schule zu lernen. Dann habt ihr schon mal ein Thema, über das ihr reden könnt, und der Erwartungsdruck ist nicht so hoch. Lerngruppen mit mehreren Leuten sind auch eine tolle Gelegenheit, jemanden unverkrampft kennen zu lernen. Mit mehreren Leuten zusammen Schlittschuh zu fahren, Pizza zu essen oder ins Kino zu gehen, macht Spaß, und ihr seid wahrscheinlich weniger nervös, als wenn ihr euch gleich zu zweit trefft, wenn ihr euch noch gar nicht so gut kennt.

2. Es ist immer besser, ihm einen bestimmten Tag vorzuschlagen, als unverbindlich zu fragen: »Hast du Lust, *irgendwann* mal was mit mir zu machen?« Damit machst du es ihm schwer, höflich abzulehnen, falls er kein Interesse an dir hat. Wenn du aber fragst: »Hast du Lust, am Samstagabend zu meiner Krönung zu kommen?«, kann er, wenn er dich auch nett findet, Samstag aber schon etwas vorhat, sagen: »Ach blöd, Samstag kann ich leider nicht, aber wie wäre es mit Sonntag?« Falls er kein Interesse hat, kann er antworten: »Tut mir Leid, da kann ich nicht.«

3. Frag ihn direkt, per Telefon, Mail oder SMS, aber schicke bloß keine Freundin vor, nur weil du zu schüchtern bist! Das ist

einfach nur feige und kommt bei keinem gut an! Außerdem – was ist, wenn er Nein sagt? Dann erfahren es alle und du bist zu Tode blamiert.

4. Sprich ihn an, wenn er alleine ist und nicht gerade mit seinen ganzen Kumpels abhängt. Die meisten Jungs sind nämlich ziemlich unreif und reißen dann sofort ihre Witze. Erspare ihm – und dir – diese Qual.

5. Wenn du ihn zu Hause anrufst, solltest du das zu einer vernünftigen Uhrzeit (vor 21 Uhr) tun. Du musst es dir ja nicht mit seinen Eltern verscherzen, bevor du sie überhaupt kennen gelernt hast.

6. In der Regel zahlt derjenige, der den Vorschlag gemacht hat, etwas zusammen zu unternehmen. Es ist extrem unhöflich, einen Jungen zu einem Date einzuladen und dann zu erwarten, dass ER für dich zahlt. Wenn du nicht genug Geld hast, um für euch beide zu bezahlen, sag ihm das rechtzeitig. Du kannst auch vorschlagen, dass ihr euch die Kosten teilt – zum Beispiel so: »Hast du Lust, am Freitag im Chelsea Piers zum Bowlen zu gehen? Ich zahle die Pizza, wenn du den Eintritt übernimmst.«

Der schönste Fall: ER bittet dich um ein Date …

Du Glückliche! Er hat dich gefragt! Er hat dich endlich, endlich gefragt! Jetzt mach bloß nicht alles kaputt, indem du triumphierend die Faust in die Luft rammst. Freu dich in deinem Inneren, bleib nach außen aber cool.

[Falls dein Vater – wie meiner – Fürst eines kleinen europäischen Landes ist und dir nicht erlaubt, etwas mit einem Jungen zu machen, den er nicht persönlich kennen gelernt hat, solltest du das dem Jungen SOFORT sagen. Es ist nicht fair, ihn vor vollendete Tatsachen zu stellen, wenn er dich zu Hause abholt. Er braucht Zeit, sich innerlich auf das Kreuzverhör einzustellen, weil es nämlich ziemlich einschüchternd sein kann, plötzlich einem leibhaftigen Fürsten gegenüberzustehen.]

Tinas Verhaltensregeln

1. Falls du erst die Erlaubnis deiner Eltern einholen musst, bevor du mit einem Jungen weggehen darfst, solltest du ihm das sofort sagen. Etwa so: »Ich fände es total cool, am Samstag mit dir ins Planetarium zu gehen, aber ich muss vorher meine Mutter fragen. Kann ich dich zurückrufen, wenn sie mir ihr Okay gegeben hat?« Denk aber auch daran, ihn rechtzeitig zurückzurufen.

2. Wenn du bei einer Verabredung zugesagt hast, ist es sehr unprinzessinnenhaft, in letzter Minute abzusagen, weil
a) ein Junge, der dir noch besser gefällt, an demselben Tag etwas mit dir machen will
– oder –
b) du gemerkt hast, dass du ihn doch nicht so nett findest, wie du gedacht hast.
Wenn du bei einer Verabredung zugesagt hast, musst du auch hingehen. Absagen gelten nur, wenn du krank bist, oder in ex-

tremen Notfällen (z. B. wenn es in deinem Land einen Staatsstreich gegeben hat). Und dann musst du ihm sofort Bescheid geben. Es geht gar nicht, einfach nicht aufzutauchen, ohne ihn informiert zu haben. Überleg dir nur, wie du dich fühlen würdest, wenn das jemand mit dir machen würde!

3. Wenn sich jemand mit dir treffen will, den du auf den ersten Blick nicht so toll findest, denke gründlich nach, bevor du ablehnst. Der erste Eindruck kann nämlich täuschen, und manche Leute sind viel interessanter, als man gedacht hat, wenn man sie erst mal kennen gelernt hat. Der witzige Junge aus deinem Englischkurs sieht vielleicht nicht so süß aus wie der eher wortkarge Typ aus Geschichte, aber es macht viel mehr Spaß, mit jemandem rumzualbern, als in ein stummes schönes Gesicht zu blicken. Daran sieht man sich schnell satt.

4. Wenn dich der Junge, der sich mit dir treffen will, wirklich nicht interessiert, dann sage: »Tut mir Leid, aber ich hab schon was anderes vor.« Du musst das nicht weiter erklären oder Ausreden erfinden. Es kann nämlich passieren, dass der Typ, dem du gesagt hast: »Tut mir Leid, aber ich muss am Samstag ein Kriegsschiff taufen«, dich an genau dem Abend im Kino sieht. Dann ist er mit Recht verletzt – Prinzessinnen versuchen aber immer, anderen Menschen nicht unnötig wehzutun. Deswegen rufen Prinzessinnen, nachdem sie ein Date abgelehnt haben, auch niemals all ihre Freundinnen an und sagen: »Du rätst nie, wer mich gerade angebaggert hat …!« Eine Prinzessin versucht, andere immer so zu behandeln, wie sie selbst gern behandelt werden würde.

5. Wenn jemand, den du magst, etwas mit dir machen will, du an dem Tag aber schon etwas anderes vorhast, zeig ihm ehrlich, wie Leid dir das tut, damit er dich bei anderer Gelegenheit noch einmal fragt. Sag: »Tut mir Leid, da kann ich nicht, da ist meine Thronbesteigung, aber nächstes Wochenende hätte ich Zeit, falls die Einladung dann noch gilt.« So weiß er, dass du wirklich etwas mit ihm machen willst und nicht bloß eine Ausrede gesucht hast.

Der schlimmste Fall: Er hat mit dir Schluss gemacht …

Jedem kann es passieren, dass jemand mit einem Schluss macht. Sogar überirdisch schönen Filmstars wie Nicole Kidman. Sogar Prinzessinnen.

Bis ein gebrochenes Herz heilt, dauert es etwas. Diese Zeit solltest du nutzen: Mach bei eurer Theater-AG mit, arbeite ehrenamtlich im Tierheim, lerne Karate oder suche dir einen Job als Babysitter und schau mit den Kindern lustige Zeichentrickfilme an. Tu etwas – EGAL WAS –, um dich von dem Herzensbrecher abzulenken.

Das bedeutet nicht, dass es dir nicht jedes Mal einen Stich versetzt, als würde dir jemand einen glühenden Feuerhaken ins Herz bohren, wenn du IHN in der Schule im Gang siehst. Aber ich verspreche dir hoch und heilig: Im Laufe der Zeit lässt der Schmerz nach. Garantiert.

Und eines Tage wirst du erstaunt feststellen, dass es ÜBERHAUPT GAR nicht mehr wehtut und dass dieser andere Typ – der, den du immer gut fandst, aber von dem du dachtest, er wüsste gar nicht, dass du existierst – dich schon die ganze Zeit aus der Ferne angehimmelt hat. Und dann fallt ihr euch in die Arme und lebt glücklich bis in alle Ewigkeit. Sogar dann, wenn ihr keine Prinzessinnen seid!

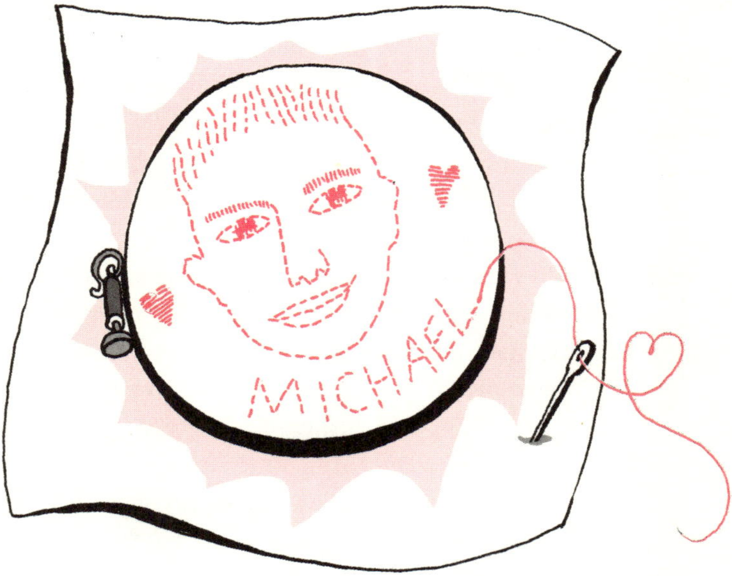

TINA HAKIM BABAS EXKLUSIVINTERVIEW MIT EINEM LEIBHAFTIGEN EXEMPLAR DER GATTUNG »JUNGE«, DEM OFFIZIELLEN BEGLEITER VON PRINZESSIN MIA – MICHAEL MOSCOVITZ

THBB Wir haben das unglaubliche Glück, dass wir einen tatsächlich lebenden Jungen finden konnten, der sich bereit erklärt hat, uns ein tabuloses, ehrliches Interview zum Thema Liebe zu geben. Michael Moscovitz spricht über seine Gefühle für Mia!
Erste Frage, Michael: Könnte man sagen, dass dein Herz zu singen begonnen hat, als du Mia das erste Mal begegnet bist?

MM Hm ... na ja, als ich Mia das erste Mal gesehen hab, war sie sechs Jahre alt, hing kopfüber an einem Klettergerüst und hatte blaue Lippen, weil sie gerade ein Heidelbeereis gegessen hatte, also muss ich ehrlich sagen ... hm, eher nicht.

THBB Okay. Aber *wann* wurde dir bewusst, dass ein Leben ohne Mia ein leeres Stück Papier, ein ungeschriebenes Buch, ein löchriges Lügengespinst wäre?

MM Muss ich darauf echt antworten?

THBB Du hast gesagt *tabulos*.

MM Also, ich würde sagen, das war, als ich sie das erste Mal auf Inlinern gesehen hab. Mia ist die schlechteste Inlineskaterin, die es gibt. Sie ist die ganze Zeit hingefallen, aber dann ist sie immer wieder aufgestanden, als sei nichts passiert. Das fand ich echt süß.

THBB Süß?

MM Ja, süß.

THBB Okay, weiter. Hast du das Gefühl, dass der Wind in den Ästen der Bäume zärtlich »Mia« säuselt, wenn du unter ihnen vorbeigehst?

MM Kann ich nicht behaupten, nein.

THBB Nicht? Na gut. Aber wenn dein Blick auf Mia fällt, explodieren dann glühende Funken in deinem Inneren?

MM Du, hör mal, ich muss langsam gehen. Ich hab da noch was. Was, wo ich noch hinmuss, meine ich.

THBB Nur noch eine Frage. Was hat dich an Mia am meisten angezogen?

a. ihr umflorter Blick

b. ihr rehbraunes Haar

c. ihre aufgeworfenen, hochgradig zum Kuss einladenden Lippen – oder –

d. ihre nymphenhafte Gestalt?

MM Ich würde sagen, ihr Humor.

THBB Das ist aber weder a, b, c noch d.

MM Ich weiß, aber ihr Humor hat mir am besten gefallen.

THBB Verstehe. Na gut. Schreit jede Faser deines Körpers nach ihr, wenn ihr getrennt seid?

MM Du, ich muss jetzt echt gehen.

THBB Okay, nur noch eine allerletzte Frage: Gibt Mia dir ein Gefühl von Ganzheit? Füllt sie ein Loch in deinem Inneren, von dem du nicht einmal wusstest, dass es in dir klafft? Genügt ein Blick auf sie, um deine Lippen vor Begierde pulsieren zu lassen? Inspiriert sie dich dazu, ein besserer Mensch zu werden, mutiger und großzügiger, nur um ihrer würdig zu sein?

MM Hm. Ja?

THBB Danke. Das war ein tolles Interview. Du bist wirklich ein ganz besonderer Mann, Michael.

Mias Schlussgedanken

Ich hoffe, dieses kleine Buch hat ein paar von euren drängendsten Fragen beantwortet. Wie ihr seht, gehört viel mehr zum Prinzessinnendasein, als eine Tiara zu tragen und sich die Augenbrauen zu zupfen. Hier sind noch ein paar Sachen, die mir eingefallen sind:

1. Zufällige, unerwartete Nettigkeiten sind das Größte!

Schickt jemandem, der traurig wirkt, eine kurze, liebe Aufmunterungs-SMS, geht mit dem neuen Mädchen in der Klasse, die noch keinen kennt, ins Kino; leiht eurer besten Freundin für ihre Fernsehsendung eure Tiara – Prinzessinnen machen so was.

2. Ihr dürft auch mal Nein sagen.

Nur weil ihr nett seid, heißt das noch lange nicht, dass die Leute mit euch machen können, was sie wollen. Lasst euch von anderen nicht vorschreiben, was ihr zu tun habt (okay, außer es ist zu eurem eigenen Besten. Wenn euch zum Beispiel jemand sagt, ihr sollt Mathe lernen). Prinzessinnen sind selbstbewusst und lassen es nicht zu, dass man auf ihnen herumtrampelt.

3. Lächelt.

Prinzessinnen gucken immer freundlich, und zwar nicht nur, weil es sein könnte, dass irgendein Paparazzo aus dem nächsten Gebüsch springt und sie auf dem Foto nicht grauenhaft aussehen wollen, sondern um die Moral ihrer Untertanen zu heben. Selbst wenn ihr ein zu groß geratener, flachbrüstiger Riesenfüßler mit einer Mangasammlung und einer Vier in Mathe seid und der Prinz, den ihr liebt, nicht auf die anonymen Liebesbriefe reagiert, die ihr ihm heimlich in den Spind schiebt – lasst euch nicht anmerken, wie sehr ihr leidet. Ihr braucht deswegen nicht künstlich fröhlich zu sein, aber lasst eure Untertanen nicht hängen!

4. Zeigt Würde.

Auch wenn wir verlieren, lassen wir Prinzessinnen keinen spüren, dass wir uns ärgern. Stattdessen gehen wir nach Hause und ergießen unsere hasserfüllten Eifersuchtsgefühle in unser Tagebuch. Selbst wenn der Mann, den ihr über alles liebt, anscheinend auf ein Mädchen steht, das Fruchtfliegen klonen kann, oder eure beste Freundin ein Date für den Jahresendzeitball hat und ihr nicht: Lasst euch euren Kummer nicht anmerken! Prinzessinnen wollen nicht bemitleidet werden.

Und am allerwichtigsten …

5. Sei du selbst!

Prinzessinnen setzen ihre eigenen Trends, sie folgen nicht dem Modediktat anderer Leute. Ihr wollt wissen, ob ein Mädchen mit grünen Haaren und Bauchnabelpiercing eine Prinzessin sein kann? Na klar! Aber nur wenn sie die grünen Haare und das Nabelpiercing hat, weil sie sich selbst so schön findet, und nicht weil andere so herumlaufen.

Denkt immer dran, Prinzessin zu sein, hat etwas damit zu tun, wie IHR seid, und nicht damit, wer eure Eltern sind oder was für Noten ihr schreibt, für welche AG ihr euch entscheidet oder wie ihr ausseht – ganz egal was Grandmère, Sebastiano, Paolo oder irgendjemand anderes sagt.

Eine wahre Prinzessin zeichnet sich durch ihre Lebenseinstellung aus, nicht durch ihren Lebensstil. Und selbst wenn ihr nicht das Glück habt, eines Tages eine gütige und gerechte Herrscherin zu werden (weil es auf unserem Planeten einfach nicht genug Länder gibt, damit jede von uns regieren kann), habt ihr die Chance, euch wie eine Prinzessin zu verhalten, auch wenn ihr von Geburt her keine seid (und glaubt mir, darüber könnt ihr verdammt froh sein!).

© Benjamin Egnatz

Meggin Cabot, geboren in Indiana, lebt mit ihrem Mann und ihrer einäugigen Katze Henrietta in New York. Sie arbeitete zunächst als Illustratorin, bevor sie sich ganz dem Schreiben zuwandte.

Auf einen Schlag berühmt wurde Meg Cabot mit den Romanen um Prinzessin Mia. Garry Marshalls zweiteilige Verfilmung der Serie »Plötzlich Prinzessin« wurde weltweit zum großen Kino-Erfolg.

Von Meg Cabot ist bei cbj erschienen:

Plötzlich Prinzessin (12604)
Power, Prinzessin! (12579)
Prinzessin sucht Prinz (12608)
Dein Auftritt, Prinzessin! (12756)
Prinzessin in Pink (12757)
Bühne frei, Prinzessin (12758)
Party, Prinzessin! (13183)
Plötzlich Prinzessin – Das ultimative Handbuch (13186)
Samantha, total verliebt (12744)
Jenny, heftig in Nöten (12861)

Von Meg Cabot ist bei cbt erschienen:

Geheimsache Jessica – Vom Blitz getroffen (30201)
Nicola und der Baron (30158)
Victoria und der Graf (30162)

Weitere Informationen zu Meg Cabot und ihren Büchern:
www.megcabot.de

Hoffnungslos romantisch und hinreißend komisch!

Die »Plötzlich Prinzessin«-Romane von Meg Cabot

Vollblut-New-Yorkerin Mia fällt aus allen Wolken: Ausgerechnet sie soll Prinzessin des Fürstentums Genovia sein? Mit dieser Nachricht nehmen die Turbulenzen erst ihren Anfang …

Plötzlich Prinzessin
288 Seiten
ISBN-10: 3-570-12604-8
ISBN-13: 978-3-570-12604-2

Power, Prinzessin
256 Seiten
ISBN-10: 3-570-12579-3
ISBN-13: 978-3-570-12579-3

Prinzessin sucht Prinz
256 Seiten
ISBN-10: 3-570-12608-0
ISBN-13: 978-3-570-12608-0

Dein Auftritt, Prinzessin
256 Seiten
ISBN-10: 3-570-12756-7
ISBN-13: 978-3-570-12756-8

Prinzessin in Pink
256 Seiten
ISBN-10: 3-570-12757-5
ISBN-13: 978-3-570-12757-5

Bühne frei, Prinzessin
288 Seiten
ISBN-10: 3-570-12758-3
ISBN-13: 978-3-570-12758-2

Party, Prinzessin!
256 Seiten
ISBN 10: 3-570-13184-X
ISBN-13: 978-3-570-13184-8